自娛愚人2

咩經理盧美吟帶人帶心
帶向成功的MDRT教練學

作者◎Yea! 雁團隊

讓專家為你守護幸福的人生

台新人壽 董事長 蔡康

人生無常，因此人生彌足珍貴，如何在有限的人生裡不要因為一些意外或突發事件，帶來無可彌補的傷害？這是保險存在的重要價值。畢竟，事情發生就是發生了，時間不可倒回，但至少不該讓意外的發生不只破壞現在安寧，也斬斷未來幸福，這是人人都該了解的課題。其實所謂意外或突發事件，指的不只是影響生命安全的事件，也包含遺產稅贈與稅等等，都不該等到突然面對了才發現自己將被付出很多金錢。

把錯愕感及無力感都因為事先預防而能全面排除，找回你的人生主控權。

當然，這麼重要攸關人生幸福的事，相信大部分人也都或多或少知道保險的重要，多年來我看見的，國人依舊喜愛買保險，只是透過壽險、增加保險保障的缺口依然很高；依照行政院主計數據，2020年我國家庭平均每戶消費支出為81.5萬元，而壽險公會最新統計2020年國人平均每人身故給付為190萬元，可以計算出，若家人特別是一家之主若不幸遭逢死亡、意外與疾病，那這樣的金額只夠支撐一家人2年多的基本生活費用，若沒有其他整體的財務規劃，全家將陷入未來生活黯淡的危機，這也就是我所說

的國人保險保障不足之處。

　　保險真的很重要，但保險需要專家，並且必須是植基於制度健全企業的專家，才能夠真正守護每個人珍貴的幸福，提供到位的保障。而我誠心推薦我們台新人壽的盧美吟資深業務經理，正是這樣的專家，她不僅擁有資深的保險實戰資歷，在這個領域做到卓越非凡，並且她也在管理教育栽培後進的領域，成就很好的實績，帶領一個又一個的新進人員成功轉型，服務以南台灣為主的上千客戶，幫助自己也幫助別人找回幸福人生主控權。

　　更欣喜的是，這樣的專家，如今不僅僅親身服務也帶領團隊服務保戶，並且還將她十多年的保險經歷結合團隊優秀成員的智慧分享，精心規劃了這樣一本書，這真是廣大消費者的福音。

　　秉持著「誠信、承諾、創新、合作」的企業核心價值，我將帶領著台新人壽持續提供我們的顧客，不同人生階段需求的保險商品，提供完善多元的金融服務。也感恩我們優秀的盧美吟資深業務經理及其團隊，能夠以出版好書的形式，分享另一種對人們有助益的智慧。

　　開卷有益，歡迎讀者一起來領會資深業務經理分享的保險實戰經驗，也鼓勵大家有任何保險及金融理財問題，多多跟我們台新人壽最專業的壽險顧問做聯繫，一起來守護自己珍貴幸福的人生。

用誠信與承諾照顧人們的幸福

台新人壽 資深副總經理 林君穎

　　身為資深保險從業人員，同時也是重度的閱讀愛好者，我主張人生若要有所精進，理論與實務都必須持續加強。欣聞我們台新人壽的知名女戰將，盧美吟資深業務經理要出版一本以保險專業為主題，並兼顧業務行銷及勵志激勵的專書，本人非常認同，這讓我們可以同時以二個面向來幫助廣大的保戶：亦即實務上的金融理財諮詢及規劃，以及透過書本提供精神食糧。

　　長久以來，保險這行業被貼上許許多多的標籤，讓從業人員經常也背負著很大的壓力。但我們卻身負重責大任，往往因為透過與我們的連結，可以挽救許多本來可能走向黑暗的人生發展，我們過往也看過太多悲劇：親人離世已帶來很大的傷痛，但接踵而來的卻還有經濟的難關，每當這樣的事情發生，再來後悔當初如果有投保就好，那樣為時已晚。此外包含稅務處置、財產配置，當事前沒有專家協助，等遇到狀況時當事人必須額外負擔的金額，也是十萬百萬計。

　　所以千金難買「早知道」，而當人們本身因為不懂保險專業，而讓自己人生陷入危機重重卻渾然不覺時，我們保險從業人員的出現，真的可以說是人間天使，就算有的人可能被貼上推銷員的汙名化標籤，但我們為了能夠及早

讓家家戶戶做到保障，還是一往無前的努力著，為廣大民眾的幸福未來奮鬥著。

在盧美吟資深業務經理的新書裡，我們透過她和她團隊的實戰故事，可以見證到她們打拼的過程，以及許多非常寶貴的案例。我自己也是過來人，至今也依然持續熱血站在第一線為民服務，想當年我也是從掃街、陌生拜訪做起，在業績低迷很狼狽的時候，也曾自我懷疑人生。但當走過這段歷程，再回首，曾經的羊腸小道已成康莊大道，如今在閱讀盧美吟資深業務經理及其團隊的著作，看到許多讓我感同身受的故事，心中感慨萬千。

書中很多的觀念都與我的理念不謀而合，事實上，也正呼應著我們台新人壽的宗旨「誠信、承諾」。誠心祈願盧美吟資深業務經理的新書，發揮正向的影響力，讓社會變得更美好。

長官蒞臨台南桂田通訊處
林君穎 資深副總／蔡康 董事長／邢益華 總經理

她的無私奉獻感動人心

台新人壽 壽險顧問業務處執行副總　大川裕彥

（翻譯：黃琪雯）

　　當美吟資深業務經理請我幫她寫序時，我回顧在我擔任保德信人壽亞洲區執行業務副總時的兩年，及擔任台灣業務長的三年中，我所認識的美吟資深業務經理是一位具有傑出才華的主管。

　　當初身為壽險顧問的她，留下輝煌成果達到壽險顧問中的最高殿堂【首席壽險顧問】之後轉任資深業務經理。

　　擔任資深業務經理，最重要的工作，是招募新人、培育新人，除了達成超出一般的標準之外，過程中更培育養成五位的業務經理，並且她所帶領的小組，全員業績超出公司平均一倍以上的成果。

　　在我的理解當中，美吟資深業務經理的管理模式嚴格如魔鬼訓練營般，如此嚴苛的管理模式之下，為什麼這群壽險顧問依舊願意跟隨著她呢？我所感受到的是，她有著如母親般的嚴厲教育訓練，卻擁有著柔軟的心，不離不棄的堅忍，相信她的組員一定從她的帶領中充分感受到這份關愛的心意。

　　曾經在某個餐會中，偶然碰到某位壽險顧問的母親，從這位母親口中充分表達美吟資深業務經理對自己孩子的

培育由衷感謝，我相信這份無私的奉獻，絕對能感動人心，在此期待美吟資深業務經理，未來持續勇往直前不畏艱辛，祝福她更上一層樓轉任處經理能為南台灣廣大的社會及民眾貢獻。

2021 PTC 會場 MDRT頒獎
王光燕台南通訊處經理／黃素玲副總／林歷君／盧美吟／
王翔昱／孫榮裕／大川裕彥 執行副總

CONTENT

目 錄

咩的教練學1

領導精神篇 / 19

2021業務策略會議培育分享

在 2019 PTC 表揚會場場外合影

在 2019 PTC 歡迎晚宴場外合影

名詞小教室

MDRT

　　百萬圓桌協會（MDRT, Million Dollar Round Table）成立於1927年，壽險理財專業人士的最高組織，是一個獨立的國際協會。

感恩世界上最兇也最善良、最美麗的咩經理出場，大家請稍息！

　　這是一本很特別的書，由我們團隊Yea!雁共同書寫。相信這也是台灣第一本由壽險團隊成員共同完成的業務暨管理學專書，我們保證內容有血有淚，會讓您感動，並且更重要的，是讓您不只感動，還能激勵行動。

　　說到有血有淚，提起血可能有點誇張，但這裡的血指的是「心血」，包括團隊對本書的心血，更包括咩經理照顧培訓我們的熱血。知道嗎？咩經理就是給人有種不怒而威的感覺，當大家正開心聊到忘我，一時沒留意，轉過身來，嚇一跳，咩經理正站在那裡，霎時整個空氣立即凍結，每個人感到血液似乎凝固了，人人立即打起精神，準備就戰鬥位置。

　　但看似最兇的經理，卻也是帶給我們最多溫暖的人，覺得就算全世界都拋棄了自己，沒關係，地球上永遠有一個角落，在那裡，咩經理永遠守護在那裡，收納你的委屈，給你愛心的擁抱，然後扶著你的肩膀引領你站起來，告訴你，哭完了嗎？戰鬥還是要繼續。讓我們擬定下一步的策略吧！

聽她的談話，你會立馬成為戰士——
　　鬥志昂揚，覺得世上沒有不可能完成的事。
聽她的安慰，你會瞬間變成小孩——
　　哭得唏哩嘩啦，有媽疼的小孩真正是個寶。
聽她的導正，你悟到今是而昨非——
　　虛心受教，原來曾以為的不一定是真以為。
聽她的指引，你恍然間真相大白——
　　醍醐灌頂，擋在眼前的迷霧徹底一掃而空。

　　她不是神，她是咩。她很兇，但有任何狀況你總是第一個想找她。

　　她不是大將軍，她只是咩。甚麼是咩？咩就只是可愛的、人間無害的草食動物。有誰聽到羊咩咩不會心頭暖呼呼的？就連咩經理自己有時都對人暱稱她是咩寶寶。但你以為世上最有力量的只能是龍獅虎豹或鯨象嗎？成功的典型，不該只有硬功夫，還得要有軟實力，咩經理，暨是嚴父也是慈母，她是戰場上不可或缺的指揮官，卻同時也是運籌帷幄的俏軍師，很多時候還兼任指名度最高的心理諮商師，更是團隊戰出活力背後那源源不絕的後勤補給師。

　　這就是咩經理，我們最美最善良最令人敬愛的盧美吟。

　　本書不是咩經理的傳記，並不想要寫歌功頌德的傳記，已經獲獎無數的她不需要被歌功頌德，她需要的是真

正可以長期帶給人們正向幫助的專業指南。

　　本書也不是制式的業務SOP培訓指南，咩經理認為，技術重要，心態更重要。坊間已經有太多「教戰守則」「必勝攻略」之類的書，但咩經理想提供更多的實戰經驗分享，並且她強調這本書要多一點點溫度，因此，她選擇以團隊的角度來闡述對讀者朋友的知識觀念，同時每個分享背後都有真誠做背書。

　　本書的主力閱讀客群，應該是業務界的朋友，但其實這本書每個人都適合閱讀，只要人們想追求自己工作或人生更上一層樓的境界，都應該來閱讀本書。當然，最最適合的對象，還是從事業務相關工作的朋友，本書雖是由壽險團隊所整編而成，但我們相信，任何屬性的業務，都可以應用到本書介紹的種種觀念精神。

　　本書不是咩經理寫的書，但我們是全世界最幸福的由咩經理指導培訓的團隊。我們是Yea!雁團隊。

　　會取這樣不英不中的怪名字，其實背後有深意。就如同我們咩經理做任何事都眼光長遠，都富有深意。

　　Yea!雁，獨一無二，冠絕群倫：

　　1.yea有肯定的意思

　　2.雁指的是野雁（雁行理論）……它來自「Gung Ho!共好！」一詞，原是美國印地安人的話語，傳說是印地安人從中國人學來的。印地安人將中國人的智慧，融入大自然的奧妙，而體驗出共好的三個主要精神：松鼠的精神

（做有價值的工作）、海狸的方式（掌控達成目標的過程）、野雁的天賦（互相鼓舞）。

3.雁的音=艷 希望夥伴們能有豔麗、美好的人生

好啦！親愛的讀者們，不論你覺得關於Yea!雁的解釋，是否太深奧或者太穿鑿附會，總之，我們是一個向心力很強的冠軍團隊，我們快樂著幸福著，每天都在追求更美好的自己。好了，不多說了，因為遠遠看到咩經理正走過來，大家繃緊神經，準備進入戰鬥打拼模式囉！

讓我們一起翻開本書，感受咩經理的魅力。

備註：台新人壽為原本的保德信人壽，於2021年6月加入台新金控，並於8月更名為台新人壽。由於本書描繪的歷史橫跨保德信人壽跟台新人壽兩個時期，因此在敘述上，若是談及過往歷史，仍稱保德信人壽，但讀者若有需要Yea!雁團隊服務之處，現在的團隊名稱是台新人壽Yea!雁團隊。

Yea!雁團隊平日餐聚

關於我們的咩經理

★2007年，加入保德信人壽大家庭

用不到十年的時間由一般顧問升級為首席顧問

擔任顧問期間合格八次PTC「保德信人壽總經理盃銷售競賽」，當中有一次PTC金牌，是台南桂田通訊處唯一的一位合格過PIIC「保德信國際壽險事業部全球銷售會議」國際級的競賽。

★2014年，從這年起，年年獲得全世界保險業最高榮耀，百萬圓桌（MDRT）

★2018年，受命轉任管理職，三年不到的時間晉升資深業務經理，帶領團隊也是成績不斐，培育出五位業務經理及多位壽險顧問合格MDRT，該期間也成為台南桂田通訊處唯一的一位以管理職之姿合格過PIIC「保德信國際壽險事業部全球銷售會議」國際級的競賽。

　　咩經理，本名盧美吟，二十幾歲曾因腦中風差點成為植物人，但挫折及命運的種種艱難不能阻擋她繼續奮發上進，從2007年成為保德信人壽專業壽險顧問後，至今透過她本身以及她帶領的團隊已經幫助上千人，藉由保險服務，擁有健康幸福人生。

領導精神篇

LESSON 1

堅持走一條正確的路

> **主述者：王翔昱 （Eddie）**
> 背景：化學研究所畢業，外商公司銷售工程師
> 民國107年四月受徵召加入Yea!雁團隊擔任壽險顧問
> 民國110年四月成功轉換跑道，由壽險顧問晉升為業務經理
> 現職：台新人壽 台南桂田通訊處　業務經理

　　關於咩經理的領導哲學，相信由我來做開場主述是最適合的，原因無他，因為我正好是天字第一號，Yea!雁團隊第一個入隊的成員。

　　2018年，已經連續五年榮獲百萬圓桌（MDRT）俱樂部榮耀的盧美吟（Mei），在保險服務銷售戰場上，已經威名顯赫，是公認的業績戰將。做為一種生涯的再提升，她於該年，首席壽險顧問受命轉換身分，成為一個必須培訓及帶領團隊的業務經理。而我就在那年，成為她旗下的第一位壽險尖兵。

　　我真正看見咩經理（Mei經理），如何從無到有，成功組建一個團隊，並且將團隊成員教育得跟她一樣好。最佳範例就是我自己，一個完全沒有商業背景的理工人，後

來在她領導下獲得MDRT榮耀，並且於2021年，獲得提升為業務經理。

❖ 你要轉換跑道嗎？

說起來，我跟盧美吟（Mei）認識已經超過十年，那是我們很年輕的時候，雖然分處不同職場領域，但由於彼此都是業務人，所以實在說，內心裡還是會有競爭比較的。當年我們各自在不同的戰場上力爭上游，我的表現非常傑出，後來做到了我所處這行業的頂尖，然而當我想要回頭看看親愛的 Mei 她落後我多少？結果往回頭卻看不到她，因為她不僅早已領先我，並且還領先很多。

人生嘛！不是自己開創一片天，就是接受比自己能力強的人領導，Mei的實力我看到了，於是後來加入她的團隊，她成為我的咩經理。

轉行這件事其實是不容易的，當初我身邊沒有任何一個人贊成。我自己的老婆更是用憂心忡忡的眼神望著我，不明白夫君為何做出這樣大膽的生涯決定。

會憂心是有道理的，先來談談我的背景吧！

以出類拔萃成績從理工學院畢業，後來還取得碩士學位，化工正是我的專長，以這樣的專長我退伍後很快地就找到理想中的企業環境，由於本身個性比較積極，也知曉業務性質工作比較能夠賺取更好的收入，因此我那時從事的是化工專業與業務銷售兼顧的職業，我擔任的是化學儀

器銷售工程師。

這職業我整整做了十年，從最早的本土企業，後來又被挖角到國際檢測儀器集團，我以優秀的績效步步高升，事實上，在咩經理極力招募我加入保險公司時，我正走在化工生涯的最高峰，2018年我因為無與倫比的表現，獲得集團最高的榮耀，受邀去上海總部接受表揚。前途正燦爛似錦，這樣的我，除非腦袋壞掉，好端端的幹嘛離職去加入保險公司？

但咩經理做到了，她成功感召我，也徵召了我。

2018年一月我還在上海接受全場熱情歡呼表揚，2018年四月，我已經坐在保險集團的辦公室，並且，是個一切被歸零只能領底薪的新進人員。

❖ 你的現在很好，但未來也很好嗎？

人生走到一個階段，聰明的人就會發現，真正的成功，不該只看現在，而該放眼未來。

讓我很快下定決心轉戰跑道從零開始的關鍵，就在於某個人讓我看到未來。當初如果是同一家保險公司其他人任何人邀請，我完全不可能會認同。只有咩經理有這樣的魅力以及魄力，讓我願意改變思維，勇敢轉行。

她怎麼做到的？

其實，別的不說，她自身就是最佳的見證。

十年前，我跟咩都是年輕的業務新秀，我當時也是她

的保戶，但我一路往上爬，卻發現碰到一個天花板，再怎樣也爬不上去了。咩卻擁有一個可以無止盡繼續攀登的平台，如同她當初招募我時強調的：「你能力有多少盡量去發揮，能力到哪裡，報酬就到哪裡」

我看著她的改變，十年下來她不僅車子及資產變了，越變越好越來越富有，人也變了（當然是越變越美），更且是格局整個不一樣，當初跟我一樣是生澀的業務新人，如今卻頗有大將之風，令我拜服。

最初她招募我時，我誠實以告：「我真的對保險事業一點興趣都沒有，我目前人生很好很成功，請不要再以這件事來煩我。」

咩經理一點也不會因我的言語拒絕而澆熄熱情，她只是以她冷靜的眼神，平和地問我：「你對你的人生滿意嗎？你財富就只能成長到這裡嗎？」

這也是日後她培訓同仁一個常用的方式：她不一定會直接告訴你答案，但卻提出一個關鍵思維，讓你去思考。

我真的被她的話語所刺激了，我真的去思考。我想到我那時年收入有一百多萬尚未到兩百萬，但這已經是全集團還蠻不錯的收入，但再調升也沒甚麼空間了。我想到，我和妻子用心栽培孩子，將來想讓他出國深造，成為一個社會菁英，但細細算來，我的收入夠我們現在過著尚可以的生活，可是若要負擔龐大學費，卻有些力有未逮了。

咩不用想方設法來說服我，她只須設法讓我「自己說

服自己」。方式就是讓「未來的我」來點醒「現代的我」。

她是對的，我幡然醒悟我如今走的路無法走到我想要的未來。

當年四月轉行加入保險事業，雖然其實一開始我一點都不知道我該怎麼做。

❖ 請你吃歸零膏

於是我成為Yea!雁團隊的第一個成員。

進入她的領導，我所學的第一門功課，就是歸零學。

如同她愛戲稱的，身體若氣血循環差，可以喝龜苓膏。但生涯轉型最虛的時候，最需要喝的是「歸零」膏。

這其實就像老祖宗們講過的話:「人活著就只能向前走」。道理如此，實務上卻很困難。並且是各方面都很困難。

以收入來說，就在不久前我還是年收接近兩百萬，月入達六位數的中產階級，現在卻只靠公司給新人的基本底薪過活。以生活樣態來說，之前的我，是企業裡的資深前輩，受人尊敬，走到哪都被叫一聲「哥」，現在卻是甚麼都不懂，年紀已經老大不小，還被稱為「新人」，那滋味不好受。

但既來之則安之，真的就必須歸零。

這件事若沒有教練是不可做到的，一天都不可能。

咩的作法很簡單，就是靠行動督促。當我還想照著老習慣，坐在座位上慢條斯理準備今天文件，好好想想今天

該拜訪哪些熟客。咩過來盯著我，每天一步一步的照她的規定做好基本功。

「不要再去想你以前怎樣怎樣，以前已經過去了，現在是現在，你要以現在創造你的未來。」

歸零膏吃得很痛苦，但在咩的緊迫盯人下，我真的被迫必須要跳出舒適圈。老實說，過程中，有時候也會情緒化，畢竟我是個曾經被表揚的優秀典範，幹嘛在這裡聽你這個女子說教？然而即便我有時有不理性反應，咩經理一貫地冷靜以及堅持，就是再怎樣都要帶著我突破考驗。

就這樣，很快地，不是以月計，而是以天計，我很快地有了成績，也逐步的認清自己是保險專業人員，而不再抱著化工集團時代的光彩。新人報到的第一個月，依照公司規定不能外出拜訪客戶，要全心投入厚植基本功，而正式下部隊的第二個月，在咩帶領下，我很快就摸出竅門，讓實力爆發，從那時開始，我連續 20 周，周周都拿到 3W（每周成交三件保單以達成一周照顧三個家庭）的獎項，在 2020 年也獲取 MDRT 榮耀。

❖ 當你需要的時候，她一定在

關於學習，我們經常聽到一句話：「師父引進門，修行在個人」。

在業務戰場上，似乎許多身為主管的人，把這句話解釋成，對於新人我會教導基礎，至於後續發展如何，就憑

各自造化。

　　但咩經理絕不是這樣的人。相反的，她會像個在家等候外出工作的家人般，不論多晚，回到家總會看到她，不論碰到甚麼問題，她也都會當作自己的事在關心。雖然「修行還是得靠個人」，但咩經理這位師父，卻是時時刻刻當你需要的時候，她一定在。

　　有時候，你會覺得，她是你生命中，僅次於家人，陪伴你最多的人。

　　所謂陪伴，從一大早就開始。

　　剛開始我有點不習慣，不論前一晚談保障談多晚，第二天就是早上八點要進公司，而每天在外面，不論談案子談到多晚，就是要先回公司，而不能先回家。這是咩經理的堅持，這樣的管理方式，也就是從公司開始，也要在公司結束。

　　也許初期會覺得很煩，我也曾因為這樣的事跟咩經理抗議過，但她不會因此退縮。久而久之，我發現這是一種安心，也就是不論一天經歷多少風吹雨打，你都可以放心著，有一盞燈永遠點在那裡，等你回來。

　　堅持跑完業務行程後，當晚一定要回公司，有一個很大的好處，那就是有問題，今天處理，不用罣礙在心中入夢，其實也包括情緒問題，今天跑客戶可能有工作上的不愉快，或者挫折失落。同樣地，今天的事今天就在公司解決，有問題咩經理幫你分析解答，有情緒不滿，咩經理安

撫你心靈。總之，當我們回家時，是帶著清明的心緒，這樣也對家人比較公平。

其實咩經理的這套「公司開始，公司結束」制度，還有一個好處，那就是每個人被迫都必須認真地看待自己，在咩經理嚴格的執行下，每個人都必須認真交代今天去拜訪哪些客戶，碰到甚麼困難，還有討論明天有甚麼計畫？過程不能馬虎，交代事項不能不清不楚。有時候，有些個性比較不認真的人，無法承受這樣的磨練，而這樣的人，也就是沒想清楚自己該做甚麼，也不適合待在團隊的人，會被自然淘汰。

❖ XYZ 法則

在實務作業上，一個人要如何從無到有，開發自己的客戶呢？

其實咩經理會鼓勵大家，與其日復一日去開發陌生新客戶，她更建議要把原本的客戶經營好，她鼓勵從緣故開始，然後再藉由緣故，推薦新的朋友，也就是XYZ法則。

在我們公司，XYZ法則若執行的好，可以一方面讓老客戶滿意，二方面又有「源源不絕」的客戶。

所謂X，就是指緣故，例如你的家人或好朋友等等，Y就是X介紹的朋友，將來也是你的朋友，同埋，Z，就是Y推薦的朋友。

然而，X是你的朋友，願意聽你介紹產品，那沒問

題，但Y為何願意聽你的？還有關係更遠的Z又為何願意聽你的？

重點就要回歸我們做事的態度，我們是分享，分享的被厚植基的是「利他」。

不要讓自己成為一個迫不及待想要對方掏出筆來簽約的人，更不要只把對方看成是一個一個滿足你業績的數字。

相反地，每個客戶在你眼中，都一定是有需求需要被滿足的人，甚至因為專業不足，對方不瞭解自己的需求是甚麼，這就是我們要跟對方分享教育的。

在跟朋友見面時，你可以說，你不跟我買產品沒關係，但請給我十五分鐘，讓我跟你分享一個重要的觀念。

這十五分鐘很重要，可以翻轉對方人生。

唯有幫越來越多的朋友翻轉人生，你才能翻轉自己的人生。

這也是咩經理教導給我們最重要的東西，不只是技術層面，而是心態面，簡單講，她帶給我最大的教導，就是帶給我正確的信念，還有對這樣信念的堅持。她讓我們知道，我們就是客戶最需要的人，因為壽險顧問要具備兩大能力，一個是開拓客戶的能力，另一個是更重要的，解決問題的能力。

❖ On Camera 培訓

每天，我們一定都會碰到大大小小的問題，處理問題的態度，也代表著你做人做事的格局。很多時候，你其實依然會面對許多問題，但你已經不覺得那些是問題，那就代表你的境界更高了。

咩經理，總是告訴我們，碰到問題要勇敢面對。

一般來說，碰到問題有兩種處理心態，一種叫成長型，一種叫封閉型。

成長型，就是讓問題變成我的養分，經歷過這次問題後，我會懂得更多，下次再有這類問題我就不怕了。封閉型，就是躲，碰到問題就躲，無論是把問題丟給別人，或是選擇暫時不去碰那件事，都是躲。一個封閉型的人，是無法擁有理想中的人生的，他只可能躲在一個不上不下的位置，得過且過到老。

以咩經理的團隊，本身就不可能讓封閉型的思維存在，因為這裡要求的是每天把事情處理好。並且在團隊作戰下，大家會共同討論事情，例如我今天碰到甚麼狀況，會議中提出來，我提我的，你提你的，剛好你的經驗是我沒碰過的，這樣提出來我學習到了，以後又多會一件事情。

在咩的領導下，總之就是追求共好。也在這樣的團隊氛圍下，彼此都很和樂，咩經理的團隊，流動率很低，大家相處都很愉快。

咩經理怎麼帶領團隊呢？她喜歡讓大家每天Role Play（角色扮演）。

藉由角色扮演，我們主要扮演的，就是業務員與客戶的應對。可以是我和咩經理一對一演練，也可以是團隊同仁們，一對一彼此演練，咩經理在旁邊指導，甚至兩個人演練時，大家都在旁邊看，也提出意見。

　　這個演練過程，也同時都會用Camera記錄下來，老實說，過程有時候不舒服，畢竟，我們會從影片中，看到自己的缺失，加上咩會不假辭色地指導你，說你那邊表現不好，下回要改善。但初始不舒服，久了也就習慣，知道這是為我們好，畢竟，所謂On Camera，就是要最「真實展現」你的狀態，在辦公室裡發現問題，總比到了客戶那邊真正發生問題要好。

　　而在咩經理帶領下，這樣的 Role Play 以及 On Camera 培訓，每周都進行不只一次，長期下來，也造就團隊每個人戰力越來越佳。

實際案例分享

　　在此，我要用實際案例，說明咩經理如何帶領我成長。

案例一：親弟弟的案例

　　如同許多的保險同仁，開展事業先從緣故分享開始，這個方向大致上是對的，因為站在風險的角度，家人發生任何風險，身為家人的我是沒辦法置身事外的。因此我當時第一個討論的對象就是我自己的親弟弟。

別以為親兄弟好說話，其實不是這樣的，我們家可是公私分明。我也絕對不會採取「唉啊！你是自家人，就買張保單幫哥哥捧捧場吧！」這種方式。

若是必須以人情攻勢才能取得業績，這是我不想要，也絕非咩經理教導的方式。

正確做法，我必須以「專業人士」身分去拜訪弟弟。說起我弟弟，他真的非常優秀，從小到大，都是前段班，從大學到碩士畢業只花五年，之後在業界也是翹楚菁英，雖然尚不至於像老一輩說的看人的時候「眼睛長在頭頂上」，但面對弟弟這樣的菁英，老實說我是有點壓力的。我知道兄弟歸兄弟，談到保險這樣的事，若弟弟批評起來肯定也是毫不留情面的。

對於這件事，也就是我的「業績開張測驗」，咩經理跟我當然慎重以對，她採取的方式就是不斷跟我實務演練，務必讓我在面對弟弟時，已經成竹在胸。

實際的碰面很順利，我們不談人情，真的以幫弟弟做生涯保障規劃的需求角度分析，就在我談完案子，獲得我弟弟認可，正式簽下我人生第一張保單締結書後。離開不到十分鐘，我就收到弟弟傳來的簡訊，他說：

「有二哥當我的壽險顧問，我很放心」

當時我像個初出社會的新人般，邊開車邊流淚。回到公司後，咩還在辦公室等著我，我一句話都說不出來，咩經理拍拍我肩膀，比個讚的手勢，然後讓我一個人浸潤在

被人肯定的滋味裡。

案例二：關門前的堅持

這個個案，也是我印象非常深刻的，特別是能夠展現咩經理經常給我的教誨，也就是「堅持」兩個字。

那是我一個學弟，後來去大陸發展，長年兩岸三地跑，大部分時候還是待在內地。家人包含妻子以及三個孩子，則都居住在台灣。

從我加入保險公司，第二個月正式下部隊開始，我在咩經理的激勵下，周周都有達成3W（也就是每周簽到三張保單以達成一周照顧三個家庭）的任務，那時學弟剛好休假回台灣陪家人，之前已經和他做過一次需求分析了，這二回的見面就是根據他的需求進行說明並正式遞交建議書，那天是周日，如果締結這張保單，當周就可以完成3W，如果沒成功，那我的3W紀錄也將中斷。

原本約好晚上見面，但直到周日黃昏都還沒接到電話，於是我主動打給學弟。才知道原來學弟的孩子發燒了，他剛剛才去醫院。學弟說，保障的事改天再約吧！

我當時的想法，跟大部分人的想法一樣：人家家裡都出狀況了，不好再談保險吧！免得被人誤會你急著要賺他的業績。

當下我也帶著些許沮喪心情，打電話給咩經理，跟她報告這件事，並且誠實跟她說，我的3W紀錄這回就無法持

續了。沒想到，咩經理的反應不是安慰我，反而是問我想給予學弟的保障對學弟的太太及其孩子的重要如何？並且接著說道保障的立即性，我不應該自我設限，不要把球拿在自己身上捏死了，要試著把球拋出去再找出各種可能性。

咩經理都這樣說了，我不做她是不會饒人的，我靜下心來想想，後來又鼓起勇氣打電話給學弟，因為我知道他隔天就要搭機回大陸工作了，我先問候孩子的狀況，接著就問學弟，你明天幾點的飛機，他答說是早上九點半。我跟學弟說，我覺得保障這件事還是很重要，如果可以的話，還是要跟你討論。學弟想了想就說，好吧！等孩子睡著我再打給你。

接著我焦慮地整的等著等著，終於學弟打來說可以約晚上九點半見面。就這樣，我那大在學弟家附近的7-11和他用心分析建議書，他後來也認可我的提案，簽下保單。並且他衷心地跟我說：「謝謝學長，這是我人生第一次幫自己買保單。」

我真的很感恩，如果不是咩經理的堅持，我不會完成這張保單，提供給學弟安心且足額的家庭保障。

這件事有個戲劇化後續發展，學弟簽約後，隔了大約一年，當時是七月，學弟傳了個line來，說他九月要回台動手術。

手術？基於對朋友的關心，我想問學弟更多細節，他回說應該沒甚麼，只是頸部長了一個腮腺瘤，不痛不癢

的，要回來割除而已，應該無大礙。

我就以保險專業跟學弟說，不要擔心，後續手術我會協助你辦理賠程序。

到了九月，學弟回來了，我也配合他時間在他手術當天準備幫他辦程序，約好下午見面，早上十點卻接到他電話，為何下午就要見面現在還來電？憑直覺我發現出狀況了。果然，電話裡學弟說他此刻在醫生旁邊，醫生說他這是惡性腫瘤，已經發展到第三期。

這件事給我很大衝擊，一方面學弟是我好朋友，二方面，我回想到去年的那個關鍵時刻，如果當時我沒在咩經理的堅持下，當天完成保障立即將風險進行轉嫁，現在學弟的情況一定會很慘，我也會一輩子內疚。而如今，不論未來醫療狀況如何，至少有這張保單，可以保障他家人，這也是身為保險專業人員，我最大的安心。

這個案例也讓我真正去感受到，我的工作真的很有價值，真的當朋友碰上問題時，我能給的協助相當大。

案例三：就是要等到為你服務的一天

由於跟著咩經理最久，因此我有很多很深刻的案例。做為本書的開場者，就讓我再多分享一個案例。這個案例，也跟咩經理教導我的堅持精神有很大關係。

這個故事中間延續了兩年，經歷了我在公司裡的不同成長階段。

這位好朋友，這裡就稱他為阿誠吧！他是我大學時代的好朋友，同為化工出身，後來我去當銷售工程師，他則是去南科知名上市公司服務。在我剛加入公司的時候，我就想連絡他了。但由於工作性質，平常穿著無塵衣的他並不方便接電話，所以我是先打給他的妻子，電話中他妻子就直接給我軟釘子，說著自己媽媽就在保險產業了，家裡不需要云云。

　　半年過去，有天我再列名單，又想到阿誠，這回我打給他，有連絡上了。我開玩笑告訴他，我是鼓起勇氣才敢打給你呢！因為我怕你會說我在跟你推銷保險。阿誠笑說，你是在怕甚麼啦！見面就見面啊！

　　說是這麼說，結果那回明明約好星期日見面，到了前一天周六晚上卻接到阿誠來電，說跟妻子商量後，覺得暫時還是不要，下次再說吧！我也只能輕輕虧他，唉啊！原來我們兄弟喝個咖啡，還得老婆同意啊！好啦！我會記得你說的「下次」。

　　時光飛逝，又是半年過去，有回我預計去南科幫一位保戶處理理賠事宜，想到阿誠在那上班，就去電給他，說我那天會到南科辦事，要不要中午喝個咖啡。這回見成了，阿誠問我今天辦了甚麼事？我和他聊保戶的理賠狀況，順便跟他介紹保險的重要性，我也跟他強調，我只是想和你分享重要資訊，你將來跟誰買保險都沒關係，重點是保障要做好。

我感覺到，阿誠是有在用心聽著。果然，後來他跟我約時間去他家深入談，連他的妻子也一起在場，我很用心跟他們介紹了三個小時，最終包括阿誠，他妻子，以及兩個小孩，當天成交四張保單。他妻子還跟我說，不好意思之前拒絕你，原來我過往的保險觀念是錯的。

　　就在簽約後又過了五個月，有一天深夜十點多，電話響起，是阿誠打來的，依照保險人的經驗及直覺，我知道出事了。果然，電話裡，阿誠哭喪著聲音說，今天妻子健康檢查，確定罹癌了。

　　我當下立刻跟阿誠說，不要擔心，我會陪伴你進行後的醫療及保險流程，有我在，你一切安心。

　　再次地，我感受到保險工作的神聖使命，如果過往兩年，我不是照著咩經理的教導，堅持要做對的事情，我從來沒有放棄要聯繫阿誠，如果不是這樣，阿今天發生事情，阿誠家一定難以承受。

　　以上簡單的三個案例，其時像這類的案例很多。重點不在於我們的保單如何幫助一家人在危機中，至少有個安心的保障。也在於我們**身為保險從業人員，念茲在茲的，就是為了客戶的福祉，我們一定要做到堅持。**

業務人的學習指南

❖ **認為是對的事，請一定要堅持**

毫無疑問地，我可以在短短三年內，從一個完全不懂保險的人，到今天已經做到取得國際MDRT榮耀，還晉升為主管職。咩經理的教導功不可沒，甚至可以說，沒有她就沒有今天的我。

　　咩經理教導我的無價寶藏，就是做人做事，只要認為對的，就要堅持。

　　當初她堅持我要轉換跑道，因為這樣我發展才有出路。她說對了。

　　後來在我每個學習環節，她堅持我要從零開始，不要自以為過往有哪些榮耀就覺得自己很行，一切從零扎根，才能走得長久。她說對了。

　　在我開發客戶的每次歷程，不論碰到甚麼狀況，咩也是要我不忘初衷，記得我們要幫客戶找到保障，對的事就一定要堅持。她說對了。

　　咩永遠是對的，因為她堅持走在正確的路上。

　　咩的「堅持學」，後來成為我的「成功學」，因為一個人為何會沒自信？因為不確定自己做的是正確的事，而當懂得堅持，也自然而然會讓自己變得有自信，這樣的自己，也更能讓客戶接受你的服務。

　　在咩的教導下，我的堅持：

◎ 面對客戶，我要有自信的說，我是來幫助你的，不是有求於你，更不是為了利益。

◎ 我是你的保障提供者，我為了你的一生著想，我值得

受到尊敬，我很榮幸我處在一個受尊敬的行業。

◎ 我的工作其實就是為了解決問題，保單只是一種工具。唯有對你好的建議，我才會提出。

❖ 建立一個目標，努力去學習

特別是年輕人，我建議每個人趁年輕，要為自己找到目標。

有沒有目標，對自己的發展很重要。那就好比，肚子餓了，你去餐廳目標是填飽肚子，這很明確，而如果你只是隨便晃晃到餐廳，隨便點個東西，那就不會有享受美食的感受。

從事保險事業更是如此，很多人做這行，做得很痛苦，沒有成績，就是因為沒有目標，而如果目標只是設定在我想達到業績，那格局也太小，難以持久，在咩經理的帶領下，我們都認定自己從事的是很值得尊重，真正幫助人的事業，這讓我們有了明確的目標，以幫助人為職志，每天都很快樂。

設定目標的一大好處，就是學然後知不足，例如我們要怎樣每周照顧三個家庭以達到3W？這背後需要相當的技術，要熟悉保單以及學會幫客戶精算保障數字等等。不會？所以才要學啊！

以我來說，有人問我，Eddie，你都已經做到MDRT了，應該沒甚麼好學了吧？其實正好相反，看著咩經理至

今對學習的態度仍抱持著學無止盡，為了追求更高境界，我還有太多必須學習的，例如以我的成長之路來說，我未來必須服務更多更廣泛的族群，這樣也才能提升業績額度，問題是別人為何要跟你講話？你懂得夠多嗎？例如你懂高端稅務，或者遺產分配等規劃嗎？所以我要學的專業還有很多。

同樣地，對於年輕人來說，不論今天你是從事哪行？也不論是否是業務工作，你都應該要找到目標，努力學習。

設定好目標，就一定要去做到。

感恩初始，在我還是新人時，咩經理就會緊迫盯人的督促著我，設定目標一定做到。今天每個人，若沒有督導，那就學會自律，認真設定目標，也認真去執行。

我很感謝咩經理，讓我變成一個真正有自信，也對未來充滿希望的人。

我很感恩，咩經理引領我走到一條更有前景的道路。記得2018年我在上海接受前公司表揚時，雖然場面很熱鬧，但我內心有點空虛，因為當時在台上，只有我孤單一個人，台下沒有我的家人可以為我喝采。

現在不一樣了，當我在這裡，第一年就爭取到總經理獎，可以帶著家人包括妻子孩子還有父母去澳洲旅行，在台上受獎時，台下的家人也都與有榮焉。

那次表揚讓我很感動。

我聽到一段話：

給小孩最好禮物是榜樣

給父母最好禮物是榮耀

給自己最好禮物是成就

很榮幸，在這裡，在咩經理的帶領下，我擁有了這樣的感動。

我很感恩咩經理讓我變成一個更好的人，即便雁子長大了，必須離開去築自己的巢，我也終身不會忘記，咩經理給予我的教導。

名詞小教室

3W

每周成交三件保單，以達成一周照顧三個家庭的目標。

她是我們最堅定的後援

> **主述者：邱于庭（Tina）**
> 背景：音樂科系畢業，過往擔任幼教老師
> 民國109年七月加入Yea!雁團隊
> 民國110年完成3W 50週，同年十月晉升為業務經理
> 現職：台新人壽 台南桂田通訊處 業務經理

　　我是學音樂出身的，過往的主要職業，是擔任幼教老師，而我後來走了一條跟過往截然不同的路。

　　從前我面對的都是小朋友，現在我面對的是全然的成人世界，經常要與陌生人見面。從前我從來不需要去想招生業績的問題，我的專業就是照顧及教育孩子，而現在我每個月都要設法去開拓市場，打拼自己的業績。

　　回首這一路走來，這將近一年多時間，老實說這條路不好走，正因為如此，如今已做出一番成績的我，感受特別深，有著勤勞過後品嘗果實的那種甘美。

　　當然，這並不是單靠努力就可以做到的，通往成功的路上，背後有一個認真踏實的教練，這件事非常重要，甚至可以說是主力要件。

　　感恩有咩經理這樣的教練，讓一個幼教老師也可就成

她的專業壽險顧問之路。

也希望我這樣的案例，可以鼓舞許多原本不敢跳脫舒適圈的朋友，勇敢朝自我挑戰的路邁進。

❖ 趁年輕，我想要改變

在同大家分享的此刻，我已經達成3W 50周，每周成交三件保單以達成一周照顧三個家庭的想法，堅持持續一年的時間。這不僅僅是我成長蛻變後，一個全新的自我實現。也讓關心我的親朋好友，都感受到我真的化不可能為可能。

其實當初我想離開看起來安穩的教育工作時，身邊的朋友都覺得不以為然，特別是我轉職的這一年，2020年，正是全球疫情猖獗，許多人產業面臨空前的危機，數以百萬計的勞工，面對生計壓力的時候。擁有難能可貴且環境單純幼教工作的我，怎會如此「想不開」，竟然要離職，並且踏入那個眾所周知，非常難做的保險事業？

其實外表柔弱溫和，就像個典型幼教媬母的我，內裡其實有個很固執強悍的靈魂，當我興起了想要改變人生這樣的念頭，我就真的想要去落實，所以當初我並非被保險公司所增員，而是我積極主動，就是想要去找個業務性質的工作。當時也並非直接設定要進入保險業，而我去接觸的保險公司也不只保德信人壽一家，後來終於落腳在保德信人壽，關鍵還是在咩經理。

對那時想轉職的我來說，想要賺錢當然是很核心的因素之一，但除了金錢，我也依然帶著深厚的理想性，我絕不想當個為錢犧牲美好生活價值的人，學音樂出身的我，依然熱愛音樂熱愛和諧。而當我透過要好朋友，輾轉引介認識了盧美吟，也就是後來我的主管咩經理後，我終於感到安心，確定這裡就是我想要找的歸宿。

　　咩經理當時就跟我分享很重要的觀念，也就是如今團隊裡人人時時警惕自己，不忘初衷的那兩個主題：愛與關懷。

　　所以我投入保險產業，植基於愛與關懷，至於金錢，則是我們努力幫助人們後，自然而然獲致的果實。

　　當時咩經理也有問我，真的想清楚要來保德信人壽了嗎？如果是的話，是為什麼？我告訴她，我也聽過其他家保險公司的制度，但我感覺到保德信人壽是最有人情味的，而更加深我這樣信念的，毫無疑問的是當時坐在我正對面的咩經理，她的人坐在那裡，明明是個小女子，卻散發出一種強大的能量，並且她也很快抓住我內心的思緒，她清楚告訴我，我知道妳想趁年輕，把握住可以開拓更廣人生的機會。畢竟，如果長期舒適圈，習慣了那種安逸，等年紀再大些想要轉型，就真的不容易了。

　　咩經理清楚的讓我感受到，我做了正確的決定，也的確在她帶領下，我翻轉了人生。

❖ 總之，我認定妳了

　　過往，我也曾接觸過很多保險事業，我有不少朋友也從事這行。我後來知道，為何這個行業常常帶給人們負面印象？其實跟每個業務朋友的心態有關。

　　印象中，過往保險產業朋友就是兩種形象，其實不只是保險產業，任何業務性質工作，也常常見到這兩類朋友：第一種，公司有了新產品，因此要達成公司交代的任務（而不是關注妳的需求），對方大力推銷該新產品的好，希望妳掏錢買單，第二種，說起來就有些不堪了，可能就是月底的時候，有朋友打電話來「拜託」，這月業績不好，快要活不下去了，拜託幫幫忙，捧我個場，讓我完成業績。

　　都忘了保單本身的價值是甚麼？認識了咩經理後，她引領我找回初衷，保險的用意本就是幫助家人朋友提前做好風險轉嫁，目的是要確保被保人和她家人的幸福。當真不幸遇到風險來臨時，所規劃的保障能保護其最愛的家人生活不會有任何改變。除此之外的，都不該是我們重視的重點。

　　想賺錢？誰不想賺錢？可是君子愛財、取之有道，這世界任何的金錢獲取，都應該植基於妳提供一定的「價值」。咩經理熱愛保險產業，正因為她認為這是很有價值的工作，透過保險帶給世人的幫助，絕非一般消費商品當下的單純享受可以比擬。

找到保險的意義後，也才會發現，過往植基於錯誤信念的保單，那種只關注在業務員自身業績的的保單，當然不會真正全面照顧到保戶的需要。我後來在咩經理的專業指導下，檢視自己的保單，也發現過往我對自己有多少保障，並不真的了解，每年繳的錢將來會帶給自己怎樣的影響也沒有概念。

　　我也因此很好奇，有多少人就像從前的我一樣，把攸關自己人生重要的保險計畫視同不重要的生活附屬品，甚至只當作是一種不得不購買的人情債。

　　既然有這麼多的人保險觀念不正確，那不正代表著，我投入這一行任重而道遠，我有很多的事要去開發，我必須去一一導正那些錯誤的思維，每多認識一位新朋友，導正他的觀念，就等同救助了一個人。

　　其實，我雖有理念，但也不真的那麼勇敢。堅定我更願意投入當年保德信人壽這個大家庭的兩大理由，一個是咩經理這個人讓我感到可以追隨，另一個就是這家公司的制度，對我們這樣原本出身上班族的業務素人來說，這裡給予新人保障底薪，讓我們更敢踏出這一步。

　　當然，對我有著最大影響的，主要還是咩經理這個人。

　　我本身是高雄人，而咩經理雖然也很鼓勵我加入這個大家庭，但她不免問我：「如果工作地點是在台南妳OK嗎？如果太遠，我其實可以幫妳推薦高雄通訊處的教練。」

　　但我依然選擇來到台南工作，原因自然就是咩經理

這個人，我不知道高雄通訊處有誰？相信也是有很棒的菁英，但我不想放棄跟眼前這位女子學習的機會。

是的，我在心底說，咩經理我跟定妳了（當然，那時候我跟她不熟不稱她為咩經理，但總之就是認定她是我未來主管）

❖ 咩是我們永遠的後援

關於咩經理的優點，肯定用A4格子紙條列出好幾頁，但這裡我只簡單用一個形容：她是一個讓人可以感到放心的人。

事實也是如此，有這樣主管的感覺，雖然不至於像是「天塌下來也不用怕」那麼強烈，但至少真的妳會充分感受到妳有個後盾，就是那種，碰到各種狀況真的不會怕，因為第一，咩經理不會丟著妳不管（我知道有些產業主管，只管業績不管員工死活），第二，她也真的會找出方法幫妳解決難題。

其實咩經理厲害的地方，不是等問題發生了，她出面解決，而是她會根據妳的資訊，事先就跟妳分析可能會發生甚麼狀況。我們每周每次要拜訪洽談什麼類型的客戶朋友，對方是怎樣的職業怎樣的背景，若提供給咩經理越詳盡，她越能幫妳運籌帷幄。我自己就已經很習慣，每次出去拜訪客戶前，咩經理都會跟我沙盤推演，也把可能會遇到的狀況，對方可能提出怎樣的問題，提出來事先跟你討

論。

　　她的習慣不是給你答案，而是提出關鍵重點讓妳自己去想，就好像當初我家住高雄，咩經理不會一味強調台南這裡多好多好誘騙我來，她反倒是講實話，告知若來台南上班比較遠，若我要來這裡，也必須我真的下定決心，做好決定。

　　我自己本身音樂科班出身，算是非常敏感心細的人，但實在說，咩經理比我還要細心，可能也是植基於她豐富的經驗，她想事情想得非常周到，每每讓我驚訝，咦，我之前怎麼沒有想到這一點？

　　也因為她心思細膩，所以她可能在我出征前，就預先幫我設想好，關於這個客戶，可以有plan1，plan2, plan3三個方案，同樣地，咩經理不會幫你做決定，每個人自己要為自己做決定。

　　她就是個導航員，她不幫妳開飛機，但她時時刻刻陪著妳，確保妳沒有飛錯航道。在執行任務的時候，會發生個問題都是正常的，咩經理保證會盡力給妳後援。但她特別強調的一點，所有的任務，最終靠的還是當事人自己付出最大努力，如果一個人碰到狀況，就想把問題丟給後援的人，那這樣就算公司願意給予百分百支持，也會功虧一簣。

　　此外，咩經理不只本身是我們最強大的後盾，並且她用無與倫比的凝聚力組建我們這個小組，命名Yea!雁小組，這些都是我們的後援，透過小組我們建立系統化學

習，同事們互相學支援，做業務練習。也交流情感，讓彼此更有信心，更有戰鬥力。

❖ 不像業務的業務

我的成績進展算是很快的，從培訓結束正式投入業務那個月開始，我就持續有周周達到公司指定的目標。

最起初兩個月，是以緣故較多，但做出成績後，接著每個月主要都是來自於緣故轉介紹的客戶。

可見基礎很重要，如果當初我是純以利益導向，只顧自身業績不顧客戶權益，那客戶有可能後續還繼續跟妳引介客戶嗎？我就是服務做得夠好，也真的關心客戶本身保單權益，所以建立長期信譽。

我的服務可以做到多好呢？ 我重視每客戶的每一件需求，就算只是想要做保單變更這樣的小事，我不像有些業務會說「你寄過來我幫你處理」，或者「我哪天經過再去取件」，我一定盡速親自去處理，甚至客戶都說你不需要來了，我還是堅持要自己去，因為面對面才能把事情釐清，不會有溝通誤解，就算只是做變更，我也都希望親自去跟客戶確認，保證事情一次做對。

由於我本身是高雄人，我很多客戶也是住在高雄，所以很多事情的處理，就代表我要大老遠從台南去到高雄，但我的目的就是要讓客戶可以感受到公司對他的重視。

所有的付出都不會是徒勞的，我真心關懷我的客戶朋

友，回報我的，就是每月每月都有新的轉介紹。

我大約從第三個月開始，每月都至少會碰到占約訪比率一半以上的陌生人，他們都是朋友的朋友，很快地，這些陌生人也變成我的朋友，他們持續再引介其他陌生人，繼續接受我的服務，繼續成為我的朋友。

我和客戶比較熟了以後，也曾問過對方，為何信任我願意跟我買保單，答案除了我的認真態度外，另一個就是我像姐妹般的親切。也的確我雖然從事業務工作也一年了，但我還是不脫原本老師的氣質，還有我從前習慣跟小朋友講話的語氣，這部分咩經理不會特別要求我改，咩經理表示，每個人本該有自身的特色，只要不是不良習慣，保留那些特色沒有關係。

我給人的感覺，我的特色，就是一個不像業務的業務。

❖ 就是要那股傻勁

自加入Yea!雁團隊以來，我改變很多，但足以欣慰的一件事，在朋友眼中，我依然是那個單純的邱于庭。我知道很多人轉戰業務工作後，可能形象全然轉換，變得很銅臭味，或者失去原本的純真。但感恩我在咩經理的教導下，她會要我保有當初加入的保險產業的初衷，也會時時提醒我，她說于庭你的優點就是你的樸實親切，帶人比較真誠，也比較願意為人著想。我這些特質，都是咩經理鼓舞的。

也因為我的這些特質，我後來也受命承接著一些接手保戶，這些保戶就是指原本他們的業務窗口，因為個人職涯因素等離職。不論如何，原本窗口離職，對保戶來說不會是愉快的事，所以咩經理鼓勵像我這樣貼心待人的女孩接手，而我也不負所託。秉持著愛與關懷，我盡力將客戶服務到好。

　　例如有一家人是我們資深的保戶，最早時候，夫妻倆和孩子，那孩子還是學生，到我接手後，孩子已經成年，去北部發展沒和父母住一起。由於轉單，有些文件要簽，當年的被保人是那個孩子，其實只要聯繫孩子簽個名就好，但我的作法是，我先去拜訪那對父母，跟他們分析保單，也跟他們解釋我預計跟他們的孩子簽甚麼文件，後來我親自去台北跟小孩見面後，也拍照傳給他父母，讓他們感到安心。

　　類似這樣一點一滴，情感鏈結是如此用心建立的。

　　但我也必須說，雖然我本身幼教出身有細心特質，可是咩經理本身做為典範也讓我學習很多。如同我前面有提到的，咩經理是比我細心的人，常常會發現到我之前忽略掉的細節，有這樣的主管，我也肯定因此得到很多學習。

　　其實我跟咩經理有很多相似的地方，她就是我學習的標準。

　　例如咩經理曾經在她上一本著作，提及她自己有種傻勁。我也學習她這種傻勁，就是傻傻的堅持。

以我建立3W紀錄來說，其實公司沒有規定我們每個人都要參加3W競賽，咩經理也是徵詢我的同意，她問我要做3W嗎？我答應了，於是她就選擇全力支持我。

既然我答應要做，我就秉持那股傻勁，就真的去做。

以統計學來推估，每周若要至少完成三件保單，就代表一周要排約15-20個，要想排約那麼多人，就代表要上百通電話。每個結果都不是僥倖，都是經過一定付出才能得到的成果，那過程肯定有很多難關，對於毅力不夠的人來說，那就是他們會選擇放棄的點。

我則是效法咩經理的傻勁，反正不論發生甚麼事，每周三件就是要達成，沒有理由，就是要做到。

也真的，原先以為不可能的，後來就一周一周做到了。

實際案例分享

如今我已達到3W 50周成績，也遇見各種行業的客戶，但我這裡最想分享的，還是我初初身為業務新人的回憶，那些都是如今回顧起來非常溫馨的。

案例一：第一次拜訪陌生客人

記得2020年我剛開始投入業務工作的第一個月，有一次咩經理陪我去見一個客戶，那個客戶是陌生人，是我一個老友介紹的。以結果來說，這個客戶沒有成交，但這是非戰之罪，那個客戶有他特別的財務考量。

重點是那回在車上，我其實緊張到不知該說甚麼，我擔心地問咩經哩，我會不會漏了甚麼？而咩經理用她那穩定人心的聲音告訴我，妳放心，妳就照妳的步驟講，我都會陪著妳。她的話頓時讓我感受很大的安心，讓我後來可以心平氣和的跟約好的客戶做分享。

從那回以後，我一次比一次有自信，到後來不需要咩經理陪，我已能獨當一面將我的客戶朋友都照顧好。

咩經理則比較是後勤支援以及心理建設鼓舞角色，她會很細心的找出我沒發現的地方，例如她也會針對我的穿著提出建議，另外每回跟客戶見面後的對話，也都會提出來，由咩經理分析指導。

案例二：打電話時的焦慮

對很多業務新人來說，不說如何與客戶交流，單單是打電話這一個關卡，就讓很多人怯步。

然而打電話是基本功，不可能不做，那種焦慮的心情，擔心如果被客戶拒絕了怎麼辦？

咩經理是怎樣協助我克服的呢？

首先她透過小組，先讓我們彼此勤練，這回妳扮演客戶，下回換我扮演客戶彼此演練，把可能會碰到的問題，都演練過。不知道怎麼回答的？咩經理就會來指導。

然後咩經理指導我正確的心態，我們打電話是想要幫對方解決問題，既然是想幫助他，如果後來對方拒絕妳

了，那代表甚麼？代表他錯失一個機會，沒關係，下回有機會再和他分享。

以結果來說，其實是對方的損失，那我們何必害怕這件事呢？

業務人的學習指南

❖ 凡事總是有方法

咩經理是個細心的人，我也在她栽培下，擁有一定的細心度。

當我們業務工作碰到各類的疑難雜誌，細心真的很重要。而細心來自於本身的專業度，以及平常的觀察力。

例如一個客戶可能滿口抱怨，對我們的商品都是負面，看來是不願意投保了。但細心的人卻可以從他話語中，發現他很在乎的其實是攸關孩子的事，或者他對某個點特別在意等等。

以保險這項商品來說，除了極少數的特例，其實很少客戶是沒有缺口的，每個人肯定都有某方面的保險需求，或者是健康醫療，或者家人照顧，也或者是稅務規劃等等，重點是，這些事客戶不會主動告訴妳，甚至有些需求他本來也不知道，一切都還是要靠業務本身的細心，才能抓住需求缺口，提出正中紅心的服務。

❖ 控制自己心情

我是學音樂出身的，有一定的感性，也很容易感時傷物等等的。但做業務的人，必須掌控自己的情緒，至少要做到，不要把情緒帶到客戶面前。

其實在業務這行，心情差是很容易發生的，如果抗壓性太低，那每天都一定是低潮，這樣的人肯定無法在這行待太久。

這時候，主管扮演很重要的角色。像咩經理就是像媽媽一樣，會一一關心自己的孩子。她也很敏感，會感受到誰今天情緒不對，或哪裡不舒服，她都會主動關心。

但咩經理也總是會恢復理性的一面，她會告訴大家，妳我都是成年人，沒有人有義務照顧妳的心情，妳要學會堅強自立，讓自己不要輕易被事情打倒，這樣日後妳才能面對更艱難的挑戰。

整個講起來，咩經理就像是我們的媽媽。她扮演的是Support的角色，每個孩子都重要，但孩子上課要自己上課，做作業也是要自己做。媽媽就是孩子背後那個支援。

她是個可以被信任的人，就好像把自己交給她都可以很放心。她不會出賣妳，也不會在妳有難的時候拋下妳，任何時候當妳轉身回頭，都會看見她在那裡。

咩經理會因材施教，所以這裡我談的管理方式，可能其他人有面對不同的咩經理。對於像我這般自我要求比較

高的人，咩經理會選擇當個軍師，而不是當指揮官。她會提出方案讓我選擇。

而比起許多長官，會要求部屬做出某種成績，咩經理對我聚焦在給我指引，但最終行動依然是靠我自己。

感恩咩經理，我們的媽媽，最足智多謀的軍師，最細心的後援。

感恩咩經哩，終身的貴人。

LESSON 3

曾經我是留校察看的人

> **主述者：許財源 （Mark）**
>
> 背景：當過老師及出版社業務
> 民國104年加入保德信人壽，107年轉入
> Yea!雁團隊
> 民國109年完成3W 50週，同年四月晉升為
> 業務經理
> 現職：台新人壽 台南桂田通訊處 業務經理

分享一件我印象非常深刻，也非常可以凸顯咩經理管理風格的事。

那是我轉戰Yea!雁團隊，在她培訓下成績開始有起色的前二個月，那天我在台南學甲約訪一個客戶，時間是晚上七點，和他談完並且締結保單後，已經是晚上九點多，那時我非常興奮先打電話跟咩經理報告我簽單了，她在電話中也表達替我感到高興之意。

抱持著這份興奮之情，家住永康的我也順勢跟咩經理說，那麼，我剛簽到一張單，現在夜已深了，我就直接回家，明天晨會再跟您報告細節。

電話另一頭，咩經理冷冷地說：「簽約很大嗎？」

我愣了一下知道咩經理的意思，只好帶著剛簽的文

件，從學甲騎了五十多分鐘的車，趕回去台南辦公室。不論成績如何，她就是很自律地堅持做該做的事，當中包含從公司開始，在公司結束。

那兒，咩經理正等著和我開會。

❖ 教科書銷售冠軍轉戰保險產業

甘願做，甘願受，必須先說明的，從一開始我就抱著想要浴火重生的心境投入Yea!雁團隊，所以她對我的嚴格，完全是我當初承諾過我願意接受的。也真的在她魔鬼培訓下，我得到了改變提升。

其實在加入Yea!雁團隊前，我已經在保德信人壽服務超過三年了，在更之前我在其他產業擔任業務工作，也是銷售冠軍，只是後來卡關了，遇到瓶頸難以突破，甚至有些不得志的鬱鬱寡歡。

我本身是師範學院出身的，原本志願是當老師，初入社會的時候也真的是以作育英才為職業，只不過那年代台灣已面臨教師過剩危機，到處都有流浪教師，我也是其中一員，連續三年都只能當代課老師，年年必須去報考正式教師資格讓我逐漸感到無奈，於是選擇轉戰其他也是教育性質行業，後來進到南部知名的教科書出版社服務，我擔任的是教科書推廣業務，這也是我第一次擔任業務。

我其實是彰化人，當年到台南當業務，起初也是人生地不熟的，但憑著一股憨直的韌性，我用勤勞逐漸在這裡

走出一片天，在我加入出版社第二年就打造了破紀錄的成績，在我所負責的區域，我在原本我們出版社教科書只佔不到10%的市場，不到一年就締造72%的市佔率。

那時起我隱隱變成教科書銷售天王，甚至後來還被另外一家大型出版社挖角，前後有六年的時間，我的成績都是業績頂尖。

然後我再度被挖角了，只是這回我離開原本的產業，轉戰傳說中非常具備挑戰性的保險產業，內心想的就是我要追求更高境界的人生。

❖ 如何避免人性的不堪

早在我因教科書銷售優異被另一家出版社挖角的同一年，就有保德信人壽的經理和我聯繫，當時我在出版業人氣正旺，自然對那位經理的招募沒有興趣，但我那回已留下印象。

那之後又過了三年，有一天我去看牙齒，在候診室看到有個帶著孩子的媽媽，基於職業本性我就過去和她分享孩童教科書及參考書問題，兩人聊得愉快，互相交換了名片，當時一看，那位媽媽是保德信人壽的壽險顧問。而她拿了我名片回去後沒幾天，我就接到保德信人壽經理的電話，很巧地，他就是三年前曾和我邀約加入保險產業的同一人。

這回我同意轉換跑道，一方面我在出版社發展已有瓶

頸，二方面我當時也對人生有些體悟，而保德信人壽的核心理念有吸引到我。

我本身算單親家庭出身，父親在我小學二年級就離世，一夕間，媽媽要扛起生計重任，家中有三個稚齡孩子還有一個阿嬤要照顧，為此，她一個弱女子一天要兼三份工，在早餐店幫忙、中午去農會當廚師，其餘時間接裁縫工作，不幸地，阿嬤後來又重病長年躺病床，原本就失智的她，需要媽媽長期照顧，後來身體每況愈下，直到病逝前，媽媽為此費盡照護辛勞。

當時另有一件讓我也是印象深刻的，就是在阿嬤重病到最後已經單靠插管維生那段日子，我多次親身經歷一場一場的家庭劇，所謂久病無孝子，那過程真的痛苦，所有叔伯阿姨等也真的飽受煎熬，甚至我親耳聽到阿嬤至親說出老人家快死快好這樣的話，當時應該也是情緒崩潰下說出的氣話，那種氛圍真的讓所有人都很難過。

也因此在和保德信人壽經理交流過程中，談起家庭，談起保障，我非常感同身受，我知道多數時候不是人性不堪，而是生活現實逼得人們感到絕望，許多時候根本原因就是龐大的醫藥費及生活負擔，而如果早知道早做規劃，就不會發生這些考驗人性的憾事。保險產業就是個「早知道」的產業。

就這樣，我認可保德信人壽的理念，民國104年我加入保德信人壽。

❖ 照顧人，是良心的事業

雖然認同保德信人壽理念，但畢竟我要從一個原本駕輕就熟成績也不錯的工作，轉換到一個過往沒從事過的行業，壓力也是很大。而保德信人壽這邊其實也不是我想來就能來，也是經過考試以及多達五次的面試，我才得以加入。

而後來也才知道，保德信人壽這邊不會錄用曾在其他保險公司工作的人，因為保德信人壽的壽險顧問服務理念和一般保險公司不同，像我這樣的保險素人才是符合需要的，保德信人壽要的是一張白紙般的新人。

保德信人壽寧願從零開始教育新人，並且願意給予新人前兩年一個基本的財補保障，這也讓我轉行伊始比較安心，畢竟我還有家小要照顧。

那麼保德信人壽和其他保險公司是怎樣不一樣法呢？

從與客戶第一次見面就看出很大的差別，當其他保險公司總是以商品導向，業務拼命以三寸不爛之舌說自家保單多好多好，保德信人壽式的探訪反倒不講這個，在與客戶第一次見面時根本完全不談商品，只聚焦在了解客戶本身，分析他真正的需求。而所謂商品，第一次甚至第二次見面時也根本不會有，因為商品必須植基於客戶狀況量身打造，若有一百個客戶就代表有一百種保單，沒有兩人狀況會是一樣的。

從加入保德信人壽起，我就被教育身為保德信人應具

備的正確心態，也就是愛與關懷，跟客戶互動不是想要推銷商品給他，而是傳達攸關一生幸福的風險保障觀念，也提醒對方，甚麼是你真正在意的人在意的事？你擔心的是孩子的未來？是父母的照養？還是身上正背負著的三十年房貸？某甲擔心的肯定跟某乙不一樣，某甲今年擔心的事也可能跟某甲去年擔心的事不一樣，所以我們是擔任壽險顧問，而不說是保險業務員，一個是客戶需求導向，一個是商品銷售業績評量導向，二者完全不同。

當然，銷售是必須的，壽險顧問並非義工。然而，許多從業人員搞錯順序，應該先有需求被滿足，自然就會有業績，而非先想打造業績，再想刻意「創造」需求。

會有這樣感觸，也是因為加入保德信人壽這些年，有機會幫忙審閱過許多人原本投保其他保險公司的保單，看到很多人付了很多錢，保障卻聚焦在錯誤的地方，若真正出事可能根本得不到甚麼保障，我真的有些心痛。

我期許自己不只要做事業，並且要做的是良心的事業。

❖ 進入留校察看的絕境

認識盧美吟（後來才稱她咩經理）已經很久了，我剛加入保德信人壽，她就是我的同事，彼時還未轉任管理職的她，跟我一樣是壽險顧問。只是我倆的保險天差地遠，盧美吟長年來都是銷售冠軍，是保德信人壽的明星；而我則業績起起伏伏，都已經服務三年了，成績也只是夠勉強

維持生計。

　　並且到後來，我碰到瓶頸了，講直白點我已經接到最後通知，再不取得績效，可能就無法留在保德信人壽了。

　　也就是當我被轉到盧美吟團隊時，已經是「留校察看」的身分。

　　民國107年，原本帶領我的經理高升到總公司了，同年盧美吟轉任管理職，當時她旗下只有一個新人，處經理有把我找去談話，徵詢我意願是否該把我調到盧美吟旗下，當時我無法立刻答應，處經理也願意給一兩天思考。

　　會那麼猶豫是很正常的，因為很久以來盧美吟的名聲就在我們企業裡很響亮，以好的一面說，她是壽險顧問楷模，另一面來看，她的行事風格又是非常引人爭議的，曾經有個例子：她不常同同事交流，進公司三年多的我有一次同學姐說上話，因為她詢問大家是否要訂飲料，當下訂完飲料的我走向她付款，反而得到她真的不是很溫柔的聲音回說，不用、因為你付了那大家都要付，因為我想喝而店家要五杯才送，所以我請客就好。大家不臧匹好壞，但可以確定的她是個不好相處的怪人，不誇張地說許多人懾於她的氣勢，見到她能躲就躲。

　　就是這樣的人，讓我心生猶豫，其實當時的我已經走到職涯危機邊緣，只差一步就要失業了，心情慌亂，盧美吟已經是我最後求生的浮木。但真正讓我下定決心的人，是我的妻子，過往我曾經業績不錯的時候，有因公司表揚

招待可以帶家人一起出國旅行，在海外那幾天我妻子在頒獎會場有看到盧美吟，看到盧美吟這個人每一項的表揚都有上台接受頒獎，清楚知道有這號人物。

妻子肯定的告訴我，如果想翻身，那她覺得跟著盧美吟是個好選擇，事實上也是最後的選擇。

那晚我做了決定，並且鄭重地跟家人說，從明天起可以預見地我會變得非常忙碌，可能夫妻間見面時間會變得很少。家人也都支持我的決定。

第二天早上，我就跟處經理回報，我願意加入盧美吟團隊。

❖ 谷底翻身達到公司業績紀錄

就這樣，曾經的同事盧美吟，後來變成我的主管咩經理。

必須說某個角度來看我和她都算新人，我是想要從零開始企求翻身的新人，她則是初任管理職，也在摸索管理之道的新人主管。

後來我們知道，那一年是咩經理管理風格最嚴厲的一年，近乎不近人情，後來的咩經理管理風格有人性化許多，然而也因為她那樣超級嚴厲的管理，才讓我後來不僅脫離即將被裁員的危機，後來還業績步步高升，讓我可以榮耀我的母親，帶著第一次出國的媽媽一同出國一同上台去接受公司表揚，最終我也轉任管理職，成為和她平行的經理。

在她管理我的那兩年，她做了甚麼呢？

簡單說，她真的和我並肩作戰，她把自己當成和我一樣處在「畢業」邊緣的人，非常時期有非常作法，她必須下猛藥。

那時我被公司告知，在年中大考核前僅剩的不到兩個月內，我要達到至少八件業績，佣金收入要超過八萬，才符合公司要求的「底線」標準。

正處在低潮期的我，連一件都沒把握，更何況八件？

所以我加入Yea!雁團隊時，對咩經理來說就是她出任主管兩個月的磨合期，對我來說就是謀求存活的最後兩個月。

真正地，我抱持著破釜沉舟的心境，事實上我也已經沒有退路，也因此咩經理也直接跟我問清楚，你真的下定決心了嗎？要就完全要聽她的做，包括從一加入開始她就要我參加3W競賽，沒有「但是」「可是」「再說」，就是一定要做到。

就是說咩經理不只是要我達到公司合格可以繼續留下來的標準，她一開始就強烈規範我以更高標準來從事。

她直言過程會很辛苦，但她會陪我一起辛苦。

以結果來看，就從我加入Yea!雁團隊那天開始，在她嚴格培訓下，我真的從第一周開始做到了3W，從那時候開始持續不斷，直到某一個月因為海外度假後來請假太多中斷紀錄，即便如此，我後來重新計算，重啟3W紀錄，

我後來依然做到連續50周3W成績，這在我們台南通訊處，自創處至今也只有三人達到，第一位達成的女生是咩經理，然而，第一位達成的男生就是我。

❖ 從早晨操練到深夜

在加入Yea!雁團隊前，我已經在這家公司服務三年了，為何過往不曾參加3W競賽，現在卻參加了呢？那主要是心態問題，自己已經預設自己「不可能」做到，也不願意「辛苦」面對挑戰，後來我就真的越來越不可能成功，每況愈下直到民國107年留校察看的困境。

咩經理對我的培訓，與其說是技術教導，不如說她是從心態著手，但所謂心態並不是指「心理勵志」，恰好相反，咩經理是要我藉由大量行動，來鍛鍊心態。基本作法也不複雜，就是做好基本功。

甚麼叫基本功？對咩經理的定義來說，就是要比公司規定的做得更嚴格。例如公司規定九點要早會，咩經理就規定我提早一小時，八點就要來公司練習，她自己也按照這規定。公司有規定同仁藉由Role Play（角色扮演，亦即兩兩一組演練，一個扮顧問一個扮客戶）練習對話，但並沒有規定細節，咩經理就採嚴格規定，我們要練好幾次。

對我們加入她團隊的人最難適應的，她執行的魔鬼教練法，真的讓我們完全無法休息，白天去拜訪客戶後，晚上還要回來上課，並且若碰到有和客戶約晚上見面的情

況，那也是不論成交與否，再晚都一定要回公司報到，咩經理多晚都會等，然後今日事今日畢，當天就要討論跟這個客戶是怎麼交談的？有甚麼改善建議等等。而即便前一晚可能討論到深夜，第二天依然得準時八點到公司報到。

因為她都以身作則，我們也很難說不行，因此我們還曾一致懷疑她是否不用睡覺的，但也很奇蹟地，當年我們這批Yea!雁團隊四位最元老班底，大家都撐過來了，並且經過咩經理培訓後各有所成，包括我在內，有三個後來都晉升為經理。

我自己的部分，我很清楚，我當初就是已經下定破釜沉舟決心，做好心理準備，咩經理再怎麼操練我，我都願意接受，因為我相信她，我妻子也相信她，我們相信這個光3W榮耀就不知道已完成幾輪的傳奇女子，就算不能把我們帶到跟她一樣，至少功力也不會差太遠。

也就是因為這樣子從早到晚，真的一刻也不鬆懈，而不是靠其他甚麼神奇妙方，我很快地就超過了公司原本設定的「可以留下來」的標準，事實上我一開始就維持3W約訪及達標簽件紀律，一個月就已經十二件了。

❖ 業務之道，唯勤不敗

如果本書讀者會想看到甚麼業務秘訣，可能要失望了，真的若要用一個關鍵字形容如何成功，那就是「勤」。

對於優秀及普通人的差別只在，優秀的人例如咩經理，她已經建立超過十年以上的勤勞習慣，這件事已經變成理所當然的日常，所以她業績永遠績優。對於像我這般駑鈍的普通人，就如同當年準備加入Yea!雁團隊前她預先警告我的一般：「會很辛苦喔！」

因為我們真的必須拒絕偷懶、拒絕安逸、拒絕「昨天的自己」，並且咩經理很嚴格要求，要嘛你就不來讓我帶，要嘛你就聽話照做。

而我也願意虛心受教，承認我真的資質不佳，拋開過往三年資深經歷的包袱，有問題就立刻問她，不會猶疑。

說起來我還是原來的我，我原本知道的保德信人壽也是原來的保德信人壽，只是兩年接受咩經理的教導期間，我被迫「動」起來，原來行動就是王道，這周目前你只簽單兩件，晚上六點了你要回家休息，還是採取行動，多打幾通電話，再約訪一兩個人？

從平凡低收入到卓越高績效間，差的就是願不願意多一點行動，真的沒有其他秘訣就是這樣。

實際案例分享

在咩經理指導下，靠著勤練我加強了業務基本功，也在練習中發現，以前很多時候不能締結保單，在於表達的重點錯誤。

以下分享幾個案例：

案例一：服務全家族的人

針對緣故提供服務，是我們壽險顧問經常的初步簽單來源，之後藉由轉介紹，可以源源持續有客戶，我後來許多客戶都是透過轉介紹來的，但初始我沒做好這一塊。

例如當我拜訪一個朋友，從前的我已經做到，可以專心為這個人著想，規劃如何補足他的保障缺口，配合他的實際需求，不論是將來發生意外狀況需要龐大醫療費，或更不幸的狀況時，家人如何照顧，我都想到了。

走到這一步後，我以為就結束了。

但咩經理提醒我一個觀念，她舉例，假定今天你已經有了完善的保障，自己都不擔憂了，可是別忘了你還有家人啊！請問，若長輩突然生重病，需要長期負擔住院醫藥費，身為晚輩你要負擔嗎？你當然要，但這跟你個人保單無關。此外，你有兄弟姊妹吧？她們如果出狀況的，被診斷出得到絕症，或哪天發生意外，導致他們家人孤苦無依，請問兄弟姊妹有難，你能不幫忙嗎？這可能要長期花大錢，但這也跟你保單無關。

為了避免這類的狀況，最好的做法，趁現在大家都無病無災，鼓勵家人親友也來了解風險保障觀念，兄弟姊妹現在沒保障，趕快一一來做保單健檢，然後個別規劃。

了解這觀念後，我後來面對保戶，就不是單單想服務他一個人，我會想要照顧他「全家族」的人

我有一個保戶就是這樣，以他為核心，我後來不但服務他全家，還來也拓及他妻子娘家那邊，前前後後就服務了十一個人，並且每個人都不只一張保單，他們也還會再推薦朋友。

業績就是這樣開拓的。

案例二：還好有做到正確保險

我有一個家住台中沙鹿的保戶，她本身投保保德信人壽，但她先生則是很久以前因為人情保投保其他家保單，我後來和她先生見面，幫他檢視保單，然後嘆息地跟他說，您知道嗎？您現在每年要繳三萬多元保費，但假定後來發生不幸，您可以理賠多少？答案是只有五十萬。

五十萬？這可以照顧妻小嗎？搞不好連處理後事都很困難。但原本保單就是這樣。

我後來幫他規劃，同樣是每年繳三萬多，但保障差很多。初始對方還不太樂意，覺得「還不是每年要繳三萬多」。

結果就在他投保後大約半年，有天我那個保戶打給我，邊講邊哭，我請她慢慢說，才知道她先生有陣子覺得吞嚥有困難，於是去醫院檢查，一診斷竟然以是鼻咽癌末期。

不幸中的大幸，他先生已經投保保德信人壽，我隔天立刻去探訪她，並保證有保德信人壽在，一切可以安心。

後來先生被送到醫院準備做手術前，我去病房探望時他帶著氧氣罩，氣若游絲，但依然撐起身體彷彿要使盡

最後力氣般，他堅持要問我一個「很重要」的問題，他問我，若不幸他離開了，家人可以得到多少保障？我告訴他一個金額，那數字超過一千萬。

他安心了，也因為如此他可以較無後顧之憂地接受各種治療，到本書出版此刻也依然治療狀況良好。

試想，若當初他採用原來保單，那保障只有五十萬，我如果是那家保險公司業務，肯定不好意思只拿張五十萬支票就去拜訪。

實在差距太大了。

案例三：從不諒解到成為大恩人

必須說在社會大眾眼中，保險從業人員還是經常被貼上負面標籤，這讓我做保單服務時，難免碰到挫折，但只要是對的事，我還是義無反顧付出。

有一個保戶，她先生就對保險業務觀感不佳，我本來跟他們家長女做保險規劃時，他還不以為然。

就在他女兒投保後隔年，因為許多身體異常狀況，去醫院檢查，才發現罹患罕見的年輕型帕金森氏症，這在目前醫學是不治之症，女兒還年輕就要面臨一輩子的醫療負擔，家人陷入愁雲慘霧。

還好有投保正確的保障，但初始發生了一些問題。

任何保險公司都一樣，在理賠前有既定的流程，必須有醫院開立的證明，但當初那位主治醫生，開立的醫療證

明不完整，無法立刻申請理賠。

　　知曉這件事，那位女兒的爸爸立刻發飆說保險公司都是騙人的，他太太也就是我原本那位保戶，也對我頗有微詞，同咩經理討論後，讓客戶朋友能安心且專心照顧女兒。我跟他們保證，公司會負責的，但還是要完成流程，我來處理。

　　我後來找一天一大早親自去那間醫院排隊，在冷風中等了兩小時後來輪到我，那醫師一聽我要談醫療證明，立刻翻臉，我才坐下來講不到一分鐘，就被他轟出去。而那位女兒的父母也繼續對我不諒解。

　　我跟他們說，還有一個方法，就是我請總公司的人親自來了解狀況，他們初始還拒絕說我在找麻煩，好聲好氣拜託，終於同意讓總公司來。

　　結果，總公司來看過後，隔天款項就撥下來。

　　如今他們女兒仍在治療中，一切採用最好的設備。

　　之前他父母一看到我就滿嘴指責，現在遠遠看到我就滿臉堆笑，說我是它們家大恩人。

　　相信保德信人壽，也相信自己的專業。

業務人的學習指南

　　最後要和讀者分享的，也是咩經理傳遞給我的重要業務人心態：

三堅：堅定、堅信、堅持

◈ 堅定

你要堅定你給客戶的東西是有幫助的，客戶可能對你有所質疑，說自己不需要這些啊！但你知道他需要，你必須很堅定。

你如果沒有堅定，就會妥協，後來發生憾事就會後悔不已。

◈ 堅信

堅信自己做的是對的，相信自己的選擇，相信你真的要走這條路。

若自己信念不堅，就會猶豫，一個猶豫的人是不可能衝刺事業，你懷疑你的事業，事業就會以失敗來回應你。

很多人純粹為了賺錢而工作，這不是好的信念，無法長久。除了賺錢外，我們做事要有理念，例如很多人知道要做甚麼（What），也知道如何做（How），卻不知道為什麼要做（Why）。

所以若感到猶豫時，問問自己Why。

有了信念，才有好的結果。

◈ 堅持

最後，對的事你就是要堅持，不論過程遇到多少阻撓都不要退縮，堅持正確的路，就是通往成功的路。

咩的教練學 2

因材施教篇

LESSON 4

拉著風箏的手，就像媽媽的手

> **主述者：黃靜怡（ELEN）**
> 　背景：屏科大 農企所畢業，過往是自營商
> 民國107年受徵召加入Yea!雁團隊擔任壽險
> 顧問
> 　牡羊座的單親媽媽
> 　現職：台新人壽 台南桂田通訊處 壽險顧問

　　成為媽媽後，我才更了解當媽媽的辛苦。民國107年，是我人生很重要的一年，那一年我誕生了新生命，照顧孩子的過程，讓我重新思考很多事情，原來這個角色扮演不容易。那一年也是我正式加入保德信人壽徹底改變職涯的一年，影響我最大的人，甚至我要稱她是改變我一生貴人的，就是敬愛的咩經理。我可以肯定的說，如果當初不是因為她當我的教練，那我不會踏入這行，我的人生也就會繼續依循著過往的路，對錯也無人糾正，就這樣渾渾噩噩過一生。

　　當我陪伴親愛的孩子時候，我會想，單單照顧一個孩子就有好多學問，我邊照顧孩子邊學習當媽媽。而在我們Yea!雁團隊，咩經理就像是個媽媽，如果說我們十幾個人，各自有各自的狀況，而我只要面對一個媽媽，也就是

咩經理，她會保護及支持我們，那麼反過來說，咩經理這個媽媽，一個人卻得面對十幾個人，像是照顧十幾個孩子。她怎麼做到的？怎麼讓這個團隊這麼有向心力？

在正式介紹我如何跟咩經理認識前，我想先強調一件事，咩經理是全世界我最願意全心追隨的人，她帶領我們去哪裡，我都願意跟隨。

❖ 為了新生命，思考人生保障

相信讀者會有點好奇，我為何用風箏來比喻咩經理和我的關係？並且，為何我的分享故事，要放在因材施教篇？那是因為，我這個人，是個不太好帶領的女子，我個性彆扭，太過情緒化，要駕馭我的人必須有很大的包容力，堅持不放棄地引領我，就像那隻放風箏的手，就算有狂風撕扯，就算有脫序危機，她也依然要穩穩地拉住那條守護我的線。就像個媽媽一樣。

能遇見咩經理，這樣的緣分跟我姐姐也有關，我姐姐也是Yea!雁團隊成員，並且早我好幾年已經加入保德信人壽，也有一番成績。不過很長一段時間，她是她，我是我，我壓根兒沒有想過要從事壽險顧問工作，直到認識咩經理以前都是如此。

從前我算是個對自己成就感到驕傲的人，擁有碩士文憑，在研究所時代，就被教授特別推崇，鼓舞我有一番事業成就。但我是典型的牡羊座，個性比較特立獨行，最適

合我的工作，就是自己當老闆，原本成長環境就是開店做生意的家庭，我後來也選擇做個庶民小生意，在夜市擺攤賣章魚燒，實在說，生意沒有特別好但也沒有不好，在認識咩經理前，也這樣過了六七年了，我想，如果咩經理沒有出現在我生命中，我也依然會持續賣章魚燒，可能賣到四十歲五十歲吧？命運的事誰知道？

但其實在那段日子裡，的確心中隱隱覺得想做點甚麼改變。緣由於肚子裡頭那個小生命，身為母親的天性，讓我覺得未來人生，不然只為自己活，我還對另一個人負一輩子責任啊！特別是再後來不久，因為價值觀不合，我與前夫離異，我的兩肩擔子更重，更需要多方思考人生規劃。

即便如此，在懷孕那時候，心中依然完全沒有將壽險顧問這件事列入人生選項，甚至親姐姐淑芬跟我聊到保險，我還會帶點防衛性的問她：「姐，妳該不會想要增員我吧？」

姐說她沒要增員我，但說實在的，保險對每個人很重要，既然準備當媽媽了，多充實點保險知識也是必要的。並且姐說，靜怡妳不是生意人嗎？多學點行銷專業知識對妳也有幫助吧？

她說的沒錯，即將當媽媽的我，真的開始關心生命保障的事情，就這樣我姐邀請我去參保德信人壽舉辦的座談會。

而影響我一生的貴人，咩經理，即將在我生命出場。

❖ 優秀的人要和優秀的人認識

民國107那年，我真的很慎重看待即將誕生的小生命，我以保戶的身分去參加保德信人壽的課程，那時我已經明顯地大腹便便，乃至於當時有三堂課，我只上了第一堂，不久就陣痛及臨盆。

不過光第一堂課就讓我很有感，非常想要深入學習。但我指的是認識保險觀念這件事，課堂教導讓我有些被醍醐灌頂，原來保險是這樣頂住面臨倒塌的家庭，完全翻轉了我原有的認知。但當時並沒把這跟職涯轉換做連結。真正啟動我驛動的心，還是咩經理本人。

那時在姐引薦下和咩經理有了聯繫，她在簡訊說：「相信優秀的人應該不介意認識更優秀的人」這句話還真的有打動我，於是有了見面機緣。老實說，現在我肯定咩經理是我的學習典範，我跟她實力尚天差地遠，但107年那時候，我就真的只是想去認識一個優秀的人，優秀？到底有多優秀？

只能說，和咩經理的一席話，影響深遠，有多深遠呢？讓我觀念徹底轉化，她鼓舞我追求的人生境界，是過往未曾有人跟我分享的。那影響如此之大，明明在生孩子之前我還堅信我絕不會投入保險產業，但遇到她後不久，我真的做了重大決定，當我生完孩子做完月子，我又立刻回保德信人壽，補上完另兩堂課，並且非常快速，快到家

人都很訝異的，上完課我就收掉多年的經營，決定要加入咩經理的陣營，成為保德信人壽的一員。而剛出生的孩子，白天就交給爸媽帶。

如今每當有人問我，為何做出那麼大的決定，幾乎沒有經過甚麼考慮？我會說，第一，可能我就是牡羊座個性，做事比較乾脆，第二，我其實就秉持著一個「相信」。而帶給我最大寄託的，就是我面前已經有幾個成功model，眼下就兩個，一個自然是咩經理，我自從認識她後，就積極去翻閱她的過往資歷，還真的是號人物，連媒體都有報導，這是一個我可以追隨的典範；另一個就是我姐姐淑芬，當時我姐姐的保險事業已經做得很穩固。光這兩位就讓我對未來有信心，此外，也藉由當時保德信人壽的各種文宣分享，我看到許多成功者，我心想，我是個優秀的人，別人可以這麼優秀，我也一定可以。

但其實我如此自信，委實太早，沒過多久，我就發現業務工作有很大挑戰性，就此，啟動我近三年種種的內心糾結，甚至很多時候，我遊走在放棄的邊緣。而自始至終，咩經理從來沒有放棄我，她堅定地站在我後面，成為拉住我這個經常失序亂飛風箏背後的那個線頭。

❖ 赤裸裸面對自己的時刻

教練真的很重要，首先，她要貫徹保德信人壽的理念，讓像我這樣的新人，確實了解保障對家庭的重要性以

及保險這行的神聖，讓我清楚知道，關懷與愛，是我們從事這行真正的價值。但更重要的，教練要能激勵每個人的潛能，並且一定要確實讓新人知道，所有的努力，重點不是帶給公司多少業績，一切的努力，就是要提升自己。

以結果來說，也就是站在我現在的角度看回107年，我可以肯定的說，這段日子以來，先不談我的保險業績，真正影響改變我最大的，是我從此才真正「認識自己」，並且經歷一番蛻變。

那過程難免是痛苦的，加上我情緒化的個性，所以我知道我自己是 Yea! 雁團隊中，咩經理帶起來相當辛苦的人。

可以說直到三十歲前，我都算天之驕女，家庭工作學業都順遂，也自我感覺良好的人。但來到這裡，卻很快被戳破美麗的泡泡，我感覺自己原來不是那麼優秀，那種被赤裸裸檢視的感覺。我初始的反應，就是拒絕接受。

是的，靜怡，妳的工作方式是有待改善的。

是的，靜怡，妳面對客戶的態度是必須調整的。

是的，靜怡，妳的個性有很大的缺點妳必須要正視

是的，靜怡……

但我真的不想聽這些。我知道，如果一個鄉愿的主管，根本不需要管我，如同一般企業常見的，主管可以當個好好先生，拍拍妳的頭，講些言不及義的稱讚，妳很好，加油，妳可以的。

然而這不是咩經理的風格，她就是會選擇正面面對問

題，很清楚直接明確地，讓我知道我的缺點。

於是我的反應，經常就是逃避，反正我不是這樣，妳說的我不想聽，一方面逃避面對批評教導的人，一方面更逃避面對自己，我不跟咩經理說我的內心想法，因為連我自己都不願意認真思考自己內心想法。

帶領像我這樣的人很累，畢竟，理想的員工有兩種，一種是聽話照做，一種是有意見提出來大家討論。那像我這樣，不想聽也不接受別人指導，那是怎麼回事？

通常這樣的人，在組織裡應該很快就出局了吧！事實上，我也曾多次想要離開。但每次一回首，怎麼，咩經理妳就是不放棄，妳還拉著我？

我總是跟朋友說，我和咩經理這三年的關係，就是這樣拉扯的關係。

她也讓我真正開始思考，為何她願意拉著我？這樣對她或對我，有甚麼好處？

❖ 就是不准妳放棄

必須說，咩經理是很懂得因材施教的人，如同本篇的主題一般。她帶領我的方式，跟帶領我們團隊其他菁英是不一樣的。她知道如果比照那種嚴格督促的方式，那我可能很快就受不了離隊了。

咩經理採取的方式，是溫和但堅定地，嚴厲但有保留餘地的。其實最貼切的比喻，真的就是「媽媽」，世界

上，有只有媽媽對自己的孩子，才能有那麼多的耐心及包容。並且也真的讓孩子知道，就算媽媽會凶，也絕對是為孩子好。

我的改變很慢，有長達一兩年都很「不受教」。但咩經理就是鍥而不捨地盯著我，不求速效，但她要看著我一點一滴改變，先從承認自己缺點開始，然後逐步帶領我正確的作法。後來我跟咩經理這個媽媽，有了更良性互動後，我曾問她，為何要這麼關心我，她說了一句很實際的話，咩經理說：「妳總得有業績才能活下去啊！」

是的，就是那麼簡單，就像做媽媽的人心態，妳可以有自己的個性，但妳必須要設法活下去啊！

甚至她比我自己還更站在我自己的角度想事情，她問我，妳若不努力，沒有收入，妳孩子怎麼辦？

像我這樣子的女子，時常是很率性的，甚至有惰性的。若沒有人盯著，我會想要休息，但那個像背後靈般的咩經理總是陰魂不散般，每天盯著我：

妳這周目標怎麼樣？妳完成了這月業績額度沒？對於那個客戶妳有甚麼想法？

唉呦！我累了，我可不可以放棄？

不行，我剛問的問題，妳還沒回答我呢！

可以想像咩經理的形象嗎？真的就是大家成長時代那個媽媽的形象，會盯著妳做功課，問這次期中考成績怎樣的人。很煩，但妳內心也知道，全世界，除了媽媽誰會這

樣愛管妳啊！

反正，咩經理管定我就對了。

但她也知道我這個異類，有些事很固執，例如碰到事情我都寧願往自個肚子裡吞，也不願跟她分享。有些事有太過浪漫，有太多的「自以為」。咩經理告訴我，這世界不是非黑即白，特別是業務的世界有太多的灰色地帶，成為一個成功的業務，要能夠控制情緒，並懂得彈性應變。我會說，我就是這樣的人沒辦法，妳不一定要管我。咩經理說，她對我有承諾，包括對我家人（當初招募我時，她曾經跟我的家人聚餐，說要照顧我），所以咩經理永遠不會放棄我。

很多時候任性的我，遇到挫折於是選擇把自己鎖在房間裡不想面對。但家人會不時以親情來開導我，我也是後來才知道，咩經理曾多次到我家來拜訪父母，分析我的狀況，請我的家人要全力Support我。

我想到，當我一個人想要放棄這世界，一個人抱著棉被自怨自哀時，那個背後靈般的咩經理，卻比我還積極的設法跟家人商討如何讓我活下去。那天我在房裡哭得不能自己。

好吧！如果妳堅持要陪伴任性的我，我也就奉陪到底，不相信，我做不出成績來。

❖ 嘮叨就是為了妳好

談到此，讀者朋友大概也知道，咩經理是個怎樣的人

了。再給大家一個想像畫面吧！想像一個高中女孩要出門去約會，然後背後老媽子一直在嘮叨，有時候啊！那張嘴就是一直講一直講。

那就是咩經理跟我互動的畫面。

妳想聽的時候，她當然會誠心教導妳。

妳不想聽的時候……她還是繼續在你耳邊叮嚀。

但堅持是有用的，初始的我，搗著耳朵不想聽。後來下意識的，我開始有了改變。我被迫思考著，咩經理幹嘛跟我講這些？仔細想想，真的有道理，我就是這麼不夠認真，我面對客戶的方式就是不夠專業。

咩對我的「嘮叨」，已經不只是工作上的叮嚀，也包括我生活的關懷。

其實這幾年間，在我自己成長改變時，我也看到咩經理的成長改變，她從傳說中那個令人聞之色變的可怕主管，慢慢變成一個慈母。

在我們每周固定的會議中，從前主力是談工作，漸漸地，也鼓勵我們可以在這樣的場合分享個人私事。

例如我帶孩子時碰到的酸甜苦辣，或者最近有一部電影風評不錯，大家觀影後的感想是甚麼？別以為這只是一種團隊「舒緩時間」，其實這真的是工作教育的一部分。以我分享的育兒經來說，許多的夥伴本身沒有這方面經驗，例如我的親姐姐就還是單身，當她們要拜訪的客戶是年輕媽媽時，透過我的分享，她們就知道怎樣和當媽媽的

客戶溝通。或者討論電影，原以為我的觀點是普羅大眾觀點，後來才知道，原來還可以用另一個角度看事情，這些會刺激新思維，對我們面對不同的新客戶有很大的幫助。

我也實在說，我自身在加入公司的初始兩年，業績起起伏伏的，很大的一個關鍵，就是圍於我本身的自我封閉。

咩經理告訴我，看到別人的缺點並給予批評是很容易，但又有多少人能夠給予具體的改善建議，進一步來說往往都是改變自己最難，特別是過往曾有亮眼資歷的人，要他們承認自己哪裡錯了，那真的很難。咩經理的責任，就是要不怕被我們討厭，就是要努力的協助我們認識自己、修正自己，進而成為更好的自己。

也感恩咩經理的耐心，過往的我，完全跟任何的獎項無緣，而邁入第三年後，我終於漸漸走出封閉的自己，願意認清自己的不足，並聽從咩經理的指導做改變，在110年，我也終於有機會，可以參與公司裡的獎項榮譽，有機會帶家人一起參加公司招待的度假旅行。

實際案例分享

在加入公司這三年的成長過程中，我的個性變得比較成熟了。以前的我，很害怕人家生氣。這也是我面對咩經理時，經常選擇逃避的原因，我就是不想面對咩經理生氣的樣子。但咩經理的一席話提醒了我，她問我：「我就像是妳的家人，如果妳連我都不敢面對，那妳如何去面對

外頭各式各樣的客戶？如果對方是外形比較嚴肅兇悍一點的，難道這類的客戶妳都要放棄？」

包括害怕以及自我否認等等，像是碰到被客戶拒絕，就「心情不好」個一兩天，這都是被情緒綁架。咩告訴我，妳可以把眼光放在自己負面的情緒上，也可以把眼光放在怎樣解決事情上。

怎麼選，決定妳的人生。

以下是一個跟情緒有關的案例。

案例一：比我財力雄厚很多的台商

我平常主要的客群，都是標準的上班族，可能收入三四萬，最多六七萬那種。那回，因著哥哥的關係，我哥哥的好友，他的哥哥是位台商，有著保險相關問題，於是就把這案子推薦給我。

初始我是害怕的，心想，怎麼辦？這是個「大」客戶耶！就是那種可能資產有千萬的大老闆，我可以嗎？

其實像這類客戶，我以前是不可能去開發的，這回只是因緣際會，有了哥哥朋友牽線的一層關係，但我還是內心有些惶恐。於是第一次見面，我就央求咩經理陪我去，我想咩經理人很好一定會陪我去。結果那天她卻問我，請問妳為何要我陪妳去？妳要給我一個理由？　我去是要幫妳甚麼？

我說不出理由，因為實際上我只是害怕對方是「大」

客戶，結果那回，咩經理決定不跟我去。初始，我內心有點不高興，畢竟，咩經理都可以陪其他人去拜訪客戶，為何不陪我？

如果是以前的我，可能就會繼續「負面」下去。

但那天，我卻很快轉念，我想到，依照我認識的咩經理，她最照顧我們了，不會丟著我們碰到問題不管，她會決定不陪我去，理由只有一個，那就是「她判斷我可以的」。

就這樣，我去談那個案子，老實說，「大」客戶也只不過是平凡人，如同咩經理說過的：「他很有錢，但他保險知識有妳多嗎？」

是的，保險是我的專業，我只是去分享專業給他，沒甚麼好怕的。結果當天我自己一個人拜訪客戶，也成功簽下保單。

這個案子也讓我了解，很多事都是這樣，本來沒甚麼事，都是自己嚇自己，把一些事情情緒化地放大了，讓自己融入那個害怕的情境裡。

一個人太容易被情緒左右，就很容易放棄，因為一件小事都被看成災難，當然就會缺少前進的動力。

以下是另一個我被教導突破自己的案例。

案例二：聽從家裡意見的乖兒子

這個客戶，原本就是我的保戶，他是個職業軍人。

那回也是為了因應他的生涯規劃，我建議他投保一個

儲蓄保單，可以藉由存錢給未來的自己，讓自己有一筆錢。

　　這個客戶，是位很孝順的青年，他自己原本每月賺的錢，主要都是交給家人，包括那時他家裡要蓋新房子，結果也是主要由他出錢。聽說有保險業務員要跟這個乖兒子談保險，家中的姐姐就跳出來，說還是把錢存在銀行，讓家人可以動用云云。總之，原本我提的保單計畫被推翻了，當天只是簽個簡單的續保合約。

　　這件事，我從頭到尾都沒讓咩經理知道，我的個性當時還是比較封閉，大部分事情不敢跟咩經理說。但保單最終總是要上呈，要咩經理核可。她終究會發現。

　　果然，咩經理大發雷霆，說碰到困難為何不早說？要等到現在才要我簽？

　　罵歸罵，咩經理還是要幫我解決問題，她要我再次聯絡那位軍人，並且這回由她陪我去。

　　這回咩經理親自出馬，告訴那位客戶，愛家很重要，但每個人都該有一筆自己可以運用的錢，只要每月撥出一筆給自己，就稱做「私房錢」好了，不妨礙對家人的幫助，但也該對自己好一點。

　　那位客戶，後來就跟我們締結新保單。

　　其實，同樣的理由，當初我也跟那位軍人說過，但為何我說沒效，咩經理出馬就有效呢？

　　咩經理說，靜怡，妳太容易放棄一件事情了。我們應該做每件事，都要學會「努力到最後一刻」。她說，一

個人的態度決定她的成就，如果妳的態度就是「好吧！那就這樣」，那客戶當然也跟妳一樣「好吧！那就這樣。」但如果妳內心有很強大的信念，覺得「你就是需要這筆錢」，你要讓客戶知道，有了這筆錢對他未來是很重要的，那種化諸內心強大的信念，客戶一定可以感受得到。

其實，那就好像咩經理對我的關心一樣，咩經理對我的強烈關心，我有感受到，同樣地，我對客戶投保可以帶來的保障，有強大的信心信念，他也一定感受得到。

業務人的學習指南

❖ 誠實面對自己

我自己就是最佳的例子，曾經我不願意聽「真話」，也不敢去觸碰「自己不喜歡的事」，等於自己已經為自己設下一個門檻，卡住自己前進的路。

以業務來說，最常見的門檻，就事「怕被拒絕」，究其實，被拒絕，我們會怎樣嗎？除了內心裡的微微沮喪，還有甚麼「具體」傷害？其實並沒有，但許多人就是害怕被拒絕。

成長，就是學會面對自己，面對自己有所不足，面對自己有所缺憾，面對自己需要「再更加努力」這樣的事實，這樣願意面對自己的你，就願意坦然面對不同的挑戰，像是「被拒絕」，這對許多資深業務來說，根本就不算是一件事。

當我們發現，原來以前害怕的事，也不過就是這樣，你會發現自己突破過往的一個窠臼，人生有了新的突破。

感恩業務工作，讓我可以有這樣的突破。

❖ 要懂得求救

許多時候，人們不敢求救，其實跟害怕拒絕的背後心理因素是相同的。都是怕別人會用怎樣眼光看待自己。怕被拒絕，因為覺得自己很丟臉，怕跟人求救，同樣地也是覺得自己很丟臉。

但人們從小到大，都是因為懂得求救才有成長，小學生天生就會算術嗎？天生就懂得水蒸發的原理嗎？一定都是問出來的。每當有問個問題不懂，就是人生成長的關卡。過往的我，專注在「自己的情緒」，勝過想要「解決問題」，結果就是，這也不敢，那也不要，有時候情緒又變得太過偏激，所以很長時間，咩經理要拉著我這個不穩的風箏，也是很累很累。

但感恩她的教導，我後來已經懂得求救，現在我碰到各種案子都願意提出來跟她討論。

如同咩經理說的，你要先懂得收起過度的防護網，這樣想要幫你的人才能夠進得來。

當然，不是說我們對世上每個人都可以很信任，所以求救的對象，一定是自己信任的人，例如咩經理，她都願意無私地分享過往十幾年的人生經驗給我們我們真的要好

好把握。

　　珍惜她的這份
教導。

　　成為一個媽媽
後，我終於知道當
媽媽的辛苦。

　　像我自己的
孩子，我有時候也
要調整自己愛他的
方法，例如有時候
對他凶一點，結果
他那陣子會特別

搗蛋，有天睡前我問他，為何對媽媽這樣？問很久，他才
說，我希望媽媽更愛我。

　　原來我讓孩子感覺我不愛他啊！從此，我懂得每天再
忙也要撥點時間，抱抱孩子帶給他愛的感覺。孩子每天起
床也會溫馨的喊聲，媽媽我愛你喔！

　　教養孩子不容易啊！這讓我想到，像媽媽一樣帶領團
隊的咩經理，也真的很不容易，感恩有她，這麼無私且苦
口婆心的帶領我們。

　　她是拉住風箏的人，她是我一輩子的貴人。

　　這是我最真心的告白。

LESSON 5

妳讓我重新找回工作的熱情

> **主述者：呂雁如 （Winnie）**
> 　背景：出身美國名校，原本在南科上班
> 　民國107年加入保德信人壽
> 　民國109年12月轉至Yea!雁團隊
> 　現職：台新人壽 台南桂田通訊處 壽險顧問

其實，在那年我被安排轉入Yea!雁團隊前，我是準備要離職的。已經投入保險產業兩年多的我，覺得自己業績始終無法突破，成績不上不下的，也缺乏一個讓我打拼的動力，所以萌生退意，想要轉換職場。

基本上我已準備把一些手邊資料整理交接，且也跟主管及大部分同事說了要離職的決定。彼時去意已經達到八成以上，除非有甚麼根本性的改變，除非有奇蹟發生。

但奇蹟真的發生了，真的有人可以改變我的決定，真的有人可以找回我工作的熱情。

這個全天下最神奇的教練，就是我們的咩經理，盧美吟。

❖ 你是為了怎樣的理念工作？

我是個比較自由開朗的人，覺得人生處處有貴人，很

幸運的我從小就有得到很好的栽培，出國留學，也結婚有幸福美滿家庭。感謝我的先生因為穩定成長的薪酬，讓我們在經濟上無後顧之憂。而我在工作方面也一向很順利，總是能在自己喜歡的職場上發揮所長。

原本我就是保德信人壽的保戶，三年前我還在科學園區上班時，因為剛接觸公司的業務工作覺得挺有趣，保德信人壽的業務朋友來找我，我就想保德信人壽這家公司形象不錯，我也正想突破自己，不要長年只在企業裡擔任行政工作，就這樣從原本的純保戶，變成保德信人壽正式一員。

對每個人來說，生涯轉換應該都是包含不同層面的意義，包含想要賺錢的經濟動機，應該也包含理想、抱負等等的，不一定和金錢相關的面向。2018年我加入保德信人壽，其實有兩個背後動力，一個是想要挑戰自我，突破舒適圈，一個是想要對社會有具體的貢獻，以此來說，保德信人壽吸引我的，正是他的理念，也就是「照顧人的理念」。當然，每一家保險公司都會標榜自己在照顧人，我自己本身也擁有各家公司保單，但我真心感受到保德信人壽對人的關懷面真的比較強烈，而不像其他保險公司那麼商業化，這也是我加入的動機。

其實也是因為，在那個時候，我也逐漸看到人生的一個現實：不論是醫療險、癌症險、意外險都是為自己買個安心，但買安心不代表會發生，可是有一件事「一定」會發生，那就是人人有一天都會從這個世界畢業，沒有例

外，只會提前發生，不會躲過這個結局。而保德信人壽對於這一塊是特別重視的。

這就是遇見咩經理前的我，一個認同公司產品理念，但除此之外，並沒有急迫經濟動機的保德信人，這造就我雖投入這個工作，但業績就是起起伏伏，成績不怎麼樣，但也不算太差。

簡言之，就是有些散漫，有些得過且過，到後來，也覺得越做越沒甚麼意思想離職的人。

那時，帶領我進入保德信人壽的那位朋友，因自身的生涯規劃，從原本管理職轉任回壽險顧問。公司鼓勵我試著加入盧美吟的團隊，我也不置可否，畢竟，一個準備想離職的人，去誰底下工作有差嗎？

2019年底，我成為Yea!雁團隊的一員。

❖ 第二次加入美吟團隊

這其實是我第二次參與盧美吟團隊，早在我剛加入保德信人壽的那年，有回我的直屬經理因為車禍，有段期間要在家休養，那時我就被交給盧美吟「代管」。由於為時僅有兩周，且畢竟只是「客人」，我比較沒有感受到當時讓保德信人聞之色變的盧美吟管教風格。身為被代管的人，盧美吟當時不便過度干涉，她不想侵犯他人的管理風格，但我也藉由那兩個禮拜的會議參與，感受到不同的管理氣氛，當時兩個比較大的印象，第一，那個盧經理，怎

麼那麼強調基本功？在其他團隊，這都是已被視為理所當然的事，不會特別去強調；第二，盧經理很緊迫盯人，會追問很多細節。對比我之前主管的管理方式，這裡還真的像是戰鬥營。

不管有沒有那兩周的被代管，其實我在公司那兩年期間，也早已深深感受到盧美吟的「威名」，由於我們都在台南辦公室，我也經常會看到她，對我來說，她就是個熟悉的陌生人。她本身的豐功偉績，已是公司裡的標竿，她的嚴厲管理風格，則會讓某些人「暗暗慶幸」還好沒在她的旗下。

其實天下事都是如此：每件事都有不同面向，單看你的心態決定是好是壞，對一個比較喜歡自由喜歡輕鬆生活的人來說，自然害怕被納入嚴格管理。但如果對有心想提升自己的人，則應該會願意讓自己試試看被威權管教的效果。而我的情況，我承認長久以來我就是個被動的人，畢竟我有超過十年時間都在企業裡擔任秘書行政工作，我不是決策管理者，我就是個聽老闆交辦指令辦事的人。這樣的我，成為壽險顧問，這是種「自己當老闆」的概念，但我習慣一時轉不過來，本來還在舒適圈心境的我，戰鬥力是比較低的，做事比較懶散，總之我就是需要「他律」的人，而我原本的主管，則是採放任制，因為保險這一行，本就是「想賺多少錢由自己決定」，主管不特別去管你，也只是剛好而已。

但盧美吟不同，她就是比較雞婆，比較願意當壞人。

所以很多人不願意加入，當初我在原主管生涯轉型不能帶領我後，公司這邊也不會強制我加入，而是尊重我的意願，讓我先去「試試看」。

這回我不再是客人了，我是正式成員，不能再以觀察員身分逃避，從到她團隊報到第一天開始就有種震撼教育感覺。

❖ 就是要加強基本功

周一的晨會，是全公司共通的規定，重點是，對於這類會議的要求，各個團隊不同，我第一天感受就是，這裡怎麼這麼要求數字？對新進成員來說，這還真的壓力很大，以前不用如此，現在每個人都要起來報告數字。

以前我就是簡單報告這周預計要拜訪誰，如果後來做不到也沒有關係，畢竟那是我自己的業績。

但加入咩經理的團隊，你必須「清楚」報告，這周預計拜訪幾個人，達到多少業績，如果沒有達到，為什麼沒達到？你實際業績做到多少？距離目標額還差多少？你打算怎麼做？

不能打馬虎眼，說出來的每句話都要被驗證，寧願做不到就說做不到，然後跟咩經理討論改善方法，也不能像從前般隨便訂個約略的目標，然後「有做就好」。

這個壓力反而讓我不能離開，因為我不想讓人誤會，我是經受不起挑戰而放棄的，我可不想當逃兵。

於是我就硬著頭皮，用自己的業績實力和咩經理硬碰硬，由她來當場跟我矯正。

　　說起來，咩經理也並非傳授甚麼話術訣竅之類的，她就只是非常重視基本功。如果你業績不好，很簡單，不用找甚麼藉口，如同她常提到成功的人找方法，失敗的人找理由，因此不論什麼時候都會告知我們唯一的改善方法，就是「從頭」做起，包括之前你覺得你都已經懂了，其實沒那麼懂得，像是基本的話術、基本的商品介紹、基本的應對進退禮節。咩經理不高談闊論，她就直接帶領同事，日復一日地，從基本功做起。

　　然後我才知道，基本功並不是一個流程，不是先過第一關然後繼續過第二關的概念，而是每天「必要」的日常作息。原本的業務思維，基本功我學過了，後面該學的是進階的業務技巧，但咩經理的管理理念，基本功沒有學好的一天，你每天都要繼續練，就像是武術高手，也依然要每天練蹲馬步以及基本拳，咩經理要我們把基本功，練到出神入化，簡直已經成為身體一部分那般。

　　而真的很神奇地，光這樣，我就立刻感受到基本功的影響力，我發現我再次和客戶交流時，有些事「自然而然」的呈現，我跟客戶的交談、商品介紹，都變得行雲流水般自然。

　　突然間，我又找回我那種兩年前初加入保德信人壽的那種樂趣。

我決定我不想離開了，這裡充滿挑戰樂趣，我一點都不想離開。

❖ 她刺激了我的內在

其實，做事多有毅力，端看妳的心有多堅強。而這包含「內在動力」以及「外在壓力」兩個環節。

從前，我自己沒有很強的打拼動機，加上遇到的上司管理方式也比較包容，讓我可以「自我管理」，因此我績效不佳。

但如果僅僅是靠外在壓力，那我肯定也會受不了，畢竟任何人都不喜歡處在被逼迫的狀態。

然而，咩經理令人佩服的地方，她的管理方式，是設法「刺激我的內在」，再輔以外在適當的壓力管理。雖然她長期以來被視為很兇很可怕的管理者，可是在我2019年正式加入時，我的感覺，咩經理其實沒那麼可怕，她是有點嚴厲沒錯，但比較像是個對孩子要求很嚴的媽媽，而已經不是傳說中那個魔鬼教練。

嚴格也好，魔鬼也好，總之，對我來說，咩經理刺激我去做內心的改變。她給的壓力剛剛好，不會讓我喘不過氣來，也不會讓我感到不痛不癢，就是剛剛好刺激我原本懶散的個性，讓我少了鬆懈的理由，總是有個目標「必須」達成，我不能再像從前般說聲「算了，就這樣」。因為我已經自己答應要打二十通電話，因為我已經答應要拜

訪幾個人，因為那都是我自己承諾的，我不能說是誰逼我的。咩經理沒有硬性規定我要怎樣，她只是「見證」我自己說過的承諾。

就是這樣，短短幾個月期間，我改變了，我成長了，我的業績提升了，我甚至懷疑，去年我為何曾經那麼想離開這個工作。如今我每天上班都充滿朝氣，真正為自己而活。

對我來說，突破的兩大關鍵，一個是「內在的甦醒」，咩經理讓我重新找回當初那個「想為人服務」的初衷，一個是找到好的方法，磨練基本功。

所謂基本功，雖是指基本要做的事，但怎麼做，也是有技巧的。更別說，更大一點的挑戰，例如當客戶問了甚麼問題，該怎樣回應比較好？這都需要教練指導。而不誇張地說，咩經理絕對是南台灣最適合的教練，因為她的經驗最多，戰績最強，一個人可以業務實績做到超過一千個客戶，這絕對可以累積足夠多的實戰資料庫，咩經理也絕不吝嗇跟我們分享這些資料庫。

簡單說，咩經理的方法真的有用。

不論是實戰，或者帶心，她都因此改變了我。

❖ 咩的 Team Work 戰力

回想起來，之前做事會比較意興闌珊，會覺得能力無法發揮，就在於沒有得到專業的指導，畢竟，一個人光有理想抱負，如果怎麼做都碰釘子，進展很慢，那自然會澆

熄當初的熱情。

　　而加入咩經理的團隊後，真正感受到，「有沒有專業」結果差很多。具體證據，我來咩經理這裡時，也差不多是年關將屆，我們公司每年年底本就有檢視保單的週年活動。我於是藉由這樣為老客戶服務的機會，再重新用我新學的專業和過往客戶分享，那真的感受很不一樣，不僅僅是對我，對客戶更是如此，就有客戶跟我說：「Winnie，很期待再跟妳見面，因為跟你談話，讓我學到很多新觀念」

　　而我的觀念，則主要是學自咩經理。當然，這些知識其實原本就在，只不過咩經理願意無私且不厭其煩地，只要我們願意聽，她就會傳授給我們。

　　有了更多新知識，那就好像外出打仗，有了更充沛的子彈，作戰的信心度自然不同。而咩經理讓我們每天活力滿滿的另一大管理方式，就是藉由帶領團隊來帶心，也就是她很重視團隊的凝聚力，當團隊形成一股相互支援的氛圍，每個人都不再覺得自己是孤軍奮戰，那樣的時候外出面對客戶，也就會覺得自己更有實力。

　　咩的Team Work學，應用得很徹底。

　　首先，在平日的基本功訓練時，她本就強調團隊裡大家要彼此互練，因此妳的事是我的事，相對來說，我的事也是妳的事。我願意好好的和妳演練話術，因為妳也會這樣幫我，而從妳的角度提出的觀點，也讓我思考到以前沒思考的地方。

此外，藉由團隊彼此激勵，妳會看見，如果整個團隊，大家都在努力的做出成績，妳也不可能自己躲起來偷懶。這和以前的團隊氛圍差很多，過往時候，辦公室就是個回來休息的地方，基本上外出奮戰就是各自為政，事實上，我從前以為所有的業務工作都是這樣，因為自己本就該為自己收入負責。但咩經理的團隊，比較像是運動員的團隊，大家都是球員，要同心合作打造全隊的戰績。

　　當然，這絕不是靠領導人命令就可以做到，不是領導人命令妳開會，命令妳互助合作，妳就會真的做到。咩經理的團隊人人都願意配合她，甚至已經到了就算她人不在，也都可以自動自發做到的地步，關鍵就在咩經理本人的人格感召。

　　像是有一兩周，咩經理出國了。然後碰到周一，早上八點半我們依然全組準時出席，也依然中規中矩地依照咩的指示，做基本演練。

　　這讓同辦公室其他組的人嚇一跳。

　　他們以為咩經理出國不在台灣，大概我們全組會鬆一口氣，可以有「放假」的心情，沒想到我們卻依然遵守紀律，每個人都很認真的比照咩經理在國內時交代的規範辦理。

　　這就是咩經理培育的Team Work戰力，這就是她帶給我們每個人背後堅定的支援，以及強大的即戰力。

❖ 每天進步一點點

整體來說，每個人都為自己而活，而咩經理的管理重點，就是設法協助妳找回「初心」，當初心找回了，自然就有了工作的動力。

例如大部分人的工作動力，是屬於經濟層面的，想要帶給家人更好的生活、想要提升生活品質等等。那樣的話，咩經理就會告訴他，你真的想要賺錢嗎？想要給家人更好生活嗎？那你就要照我的方式做。

而對於我這樣子不以金錢為第一導向的人，咩經理是怎麼做的呢？

她刺激我內心的自我價值，我也許錢賺多賺少不影響生活，但這卻攸關我的個人價值，我不一定要賺很多錢，但我總是希望自己的能力「被肯定」，而不論主力是要賺錢，還是要自我實現，數字都是一個衡量標準，所以咩經理會導入我一個觀念，她說：「今天假定妳自己開店當老闆，事實上，妳現在做業務也是在當自己的老闆，那麼，請問妳會不會每天關心各種數字？今天業績有沒有比昨天好？哪個商品賣比較多？收入與成本相抵獲利多少？如果你是夥計，妳可能不會很關心這些，但如果妳是老闆，妳肯定會很關心，甚至就算用計算機算到半夜，妳也不會認為自己在『加班』，妳是在為自己而活。」

把咩經理的理論推而廣之，今天我是夥計，有客人來

我賣東西給她，一手交錢一手交貨，我任務就完成了。但我如果是老闆，我會怎麼想事情呢？我會關心這個客戶使用我商品的滿意度如何？她願不願意再來消費？

凡事轉個念，世界就變得不一樣。

也就是站在這樣的思維下，我會想要跟以前的自己不一樣，我的業績增加了，我高興的不是這月收入變多，而是我的能力被更多客戶看見及認同。

而如果今天我的成就是9分，我就會想明天進展為10分，那不是因為咩經理的要求，而是我發自內心自己想要追求。

但怎麼從9分變10分呢？這時候咩經理又要出場了。她給了我很多關鍵性的建議。舉例來說，我加入公司以來，在加入Yea!雁團隊前也度過了兩個年頭，也沒人特別去管我的衣服，但咩經理就是「管得多」，她要我不能再穿得像以前那樣只穿自己喜歡的服裝，而要朝專業形象話來塑造，她要我穿套裝，且多穿褲裝。我以前都是擔任秘書耶！我甚至根本沒有買長褲因為我都是淑女化的裙裝，也就是在咩經理的指令下，我特別去採購許多長褲，出門展現出專業。

我就是這樣接受咩經理培訓的，不像傳說中那種以為咩經理會很嚴格督促你的業績。她讓我們自己察覺發現，每次當業績不如預期時，最大的壓力其實是來自於自己的不夠努力。例如，這個月我都依承諾達到我的業績了，咩

經理幫我打氣之餘會問我，Winnie你要不要再將目標提升「一點點」，好啊！我就想「一點點」就一點點，那再提高個兩萬業績目標吧！然後發現自己，只要照著咩經理教導的方法，也勤勞一點去約訪，其實是做得到的，不知不覺這「一點點」我下月的確又達標了，然後咩繼續來鼓舞我是不是要加「一點點」？

回首過往，我在這樣一點點、一點點的進步下，我已經整個改頭換面，我的朋友也都明顯感受到我的不一樣了。

我本身本來就有很多朋友，我也熱愛社交，但在朋友眼中我就是那個熟悉的Winnie，聊天談心可以，但要把攸關終身的保險規劃交給我？那卻是完全不同的事。直到大家有一天也認可到我們喜愛的Winnie，她也是專業的壽險顧問Winnie。

那樣我就成功了。

感恩咩經理改變了我，感恩咩經理讓我變成專業的人。

實際案例分享

由於我本身在加入Yea!雁團隊前，已有兩年的保險實務經驗，這裡我分享的案例，想著重在我重新歸零思維後，咩經理帶給我的內心影響。

案例一：打破心魔

我喜歡交朋友，這也是我後來可以由行政工作轉戰業

務工作的原因，我可以跟朋友高聲談笑，言無不歡；我也樂意跟緣故分享專業保險知識，把公司的產品特色跟大家分享。但我有個很大的心魔障礙，那就是我給朋友建議書也做了專業分析後，接下來我就卡關了：我不敢和朋友締結成交。我的心魔就是，我怕我跟朋友談金錢交易，就好像我是為了錢才跟朋友聯繫的。

總是持續關心團隊每個成員的咩經理，自然也發現到我的問題。

咩經理問我：Winnie，你幫朋友做保險規劃是為了你自己嗎？

我說：當然不是，他們買不買保單，受益人也不是我。

咩經理：那有沒有保單，對他們有沒有影響？

我想想，有的有，有的沒有。的確有的朋友，若少了那張保單，對生活應該沒很大影響，但有的朋友，卻真的有相當的保障缺口，若哪天碰到意外，其實對家人可能會遭受雙重打擊。

咩經理於是再問我，如果那些人因為沒即時投保，後來碰到無可改變的劫難，你會因此感到後悔嗎？

我認真去想：如果是我的朋友，我明知道朋友需要保障，我這專業人員卻沒及早提出協助，若後來真的發生憾事，那我的確會感到強大遺憾。

那到底是你那小小的「怕被誤會」重要？還是讓朋友即時得到保障不要再有遺憾重要？

經由咩經理的分析，我恍然大悟，我沒有真正把對客戶的關心放在我的銷售上，我沒有堅守我要照顧人的信念。所以才會明知客戶需要保障，卻不敢締結成交。試想，如果我是醫師，有個病人急需我手中的藥，我會刻意把藥扣押住不讓病人吃藥嗎？我如今不跟朋友締結成交，不就等同讓對方拿不到救命的藥嗎？

信念一改，我以後再跟朋友見面談保險，就不再有那層心魔，我真心希望朋友趕快得到全面的保障，我的心境，相信朋友也感受到了。

這也讓我業績越來越提升。

案例二：不再得過且過

我覺得咩經理很厲害的地方，在於她真的可以喚起每個人內心的熱誠。其實若有可能，每個人都應該想讓自己人生精彩吧！畢竟人生難得，為何要刻意讓自己打混過日子呢？那背後一定是發生了甚麼事情澆熄了你的熱情。

若心已死，可能比較難救，但若其實心未死，那咩經理會協助你找回來。

咩經理的方法，盡量做到不是由她告訴你，而是由你自己想到。她讓我自己想到，原來我推廣保單，是真的想幫助朋友，也讓我重新認知到我的工作是多麼的有價值。

以前我比較得過且過，那就代表著我認為我的付出不重要。但現在我非常重視自己服務的價值。因此，現在會

發生這種狀況：

假定今天我和甲小姐，約好下午兩點見面，她在一點來電說臨時有事要取消約會。以前的我就會想，好啦！下午臨時「多出」幾小時空檔，可以去哪隨便逛逛吧！

但現在的我，卻會下意識地，翻開筆記本，找出許多我原本想連絡但還沒排入行程的，「剛好」我現在可以聯絡她。

或者我原本在某個地區和朋友聊，但行程提前結束，我也會去找，我有哪個保戶剛好住這一區的，我可以順便去拜訪。

一個人會得過且過，就是因為他不珍惜自己的時間，咩經理讓我找回自己的價值，現在我每一分鐘都很積極的過。

業務人的學習指南

❖ 重視自己存在的價值

不論一個人在哪個行業服務，都要珍視自己所在的行業，賺錢是必要的，但賺錢之外一定還有某個更重要的價值，例如你帶給人們歡樂，或者你讓人們生活更便利等等。

如果失去那個價值，人可能會變成行屍走肉，一個上班就只想等下班的人，或者覺得收入太少所以不想盡全力打拼的人，都是在浪費「自己」的生命，畢竟，原本你以為是在報復老闆給的錢太少，所以用打混來懲罰老闆，可

是生命卻是你自己的，每浪費一分鐘，那一分鐘都永遠不會再回來。

　　所以，你可能不愛你的工作，那就去重新找回你愛這工作的理由。如果實在找不到，那就代表你真的必須轉換跑道。

　　對銷售業務來說，你如果找不到你賣這個產品的熱情，這是很嚴重的問題，你誤了客戶也誤了你自己。

　　找回你投入這個行業的價值，是你現在最重要的思考。

　　感恩咩經理的領導，進公司這麼長的時間，我終於肯定自己，也得到公司的肯定了，2021年我有機會上台獲頒表揚，這份榮耀是我以前不覺得自己可以做到的。咩經理讓我找回自己，也讓我得到這份榮耀。

　　希望每個人都能找到屬於自己的榮耀，這是人生非常重要的課題。

LESSON 6
愛，就是讓工作與家庭一起成長

> **主述者：林歷君（Ruby）**
>   背景：海外歸國學人，之前協助父親管理工廠
>   民國108年 四月受徵召加入Yea!雁團隊擔任壽
> 險顧問
>   民國110年 合格MDRT，同年十月晉升為業務
> 經理
>   現職：台新人壽 台南桂田通訊處 業務經理

　　曾經我是個無法放下孩子的媽媽，初加入保險產業那年，我每天工作到很晚，連假日也經常要約訪客戶，兩個孩子還小，特別是小女兒非常黏媽媽，我知道我若跟她說媽媽要出門了，女兒一定會嚎啕大哭，但又不能不跟她說，若媽媽選擇偷溜走，她肯定更難過。

　　那是一段很艱辛的日子，還好我老公願意體諒我，我不在家的時候，孩子都委由他來照顧。

　　也曾心中閃過一個念頭，何必把自己搞得那麼累？繼續當家庭主婦不是很好？但終究內心裡那股不服輸的熱情支撐著我，我要當個楷模媽媽，讓家人以我為傲，若我現在就放棄了，那帶給孩子的是怎樣錯誤的示範？

　　而今我終於做出成績，兩個孩子也都認可媽媽的努力

付出，當我帶他們來到辦公室，看著牆上的榮譽榜，獲獎的我選擇貼的是全家福照，有我和老公以及兩個女兒都在上面，看著孩子們又跳又笑地指著照片說媽媽、媽媽……

我的淚水忍不住泉湧而出。

❖ 年輕時的海外經驗

在說明我如何加入保德信人壽，並且在咩經理領導下，成為專業的壽險顧問前，有必要說明我的成長背景，因為這攸關我的個人人格及價值觀養成，也才能了解當初咩經理帶領我是付出多少心力。

我原本似乎是個跟保險產業八竿子扯不上關係的人，家裡是做生意的，在兩岸都有廠房，極盛時期爸爸照顧了數百人的生計，我是在英國念書，擁有美術學位後來又進修商業學位，從小到大沒經過大風大浪，不論求學婚姻都一路順遂，回國後跟先生一起都在爸爸的公司服務，幾乎不太需要煩惱甚麼事情。

然而，太平順的人生也未必是好事，擔心自己像是溫室裡的花朵，所以我在年輕時候也會試著挑戰自己，讓自己學習如何在遭遇困境時，能夠自己解決問題，不要被視為是美麗的花瓶。某個面向來說，我算是不甘平凡的人，我不會認為處在安逸的生活，就是我終身的依歸，我願意面對挑戰，證明自己不是單靠家世背景才擁有現在的人生，也就是這樣內心裡那股想要「有所作為」的衝勁，讓

我最終轉戰壽險顧問領域。

　　不過，那已是我年近中年的事了。如果我只是一張白紙，只有家庭主婦經驗可能也難以勝任初期非常辛苦的業務工作，我其實在加入保德信人壽前也算累積了不少的職場經驗，事實上，我扮演過近似老闆的角色，在環境當時相對不佳的中國南方，管理著數百名員工，並且當時我還懷有身孕。

　　先回頭說我的求學經驗，我雖生長在優渥家庭，但在人生地不熟的海外念書，也是非常具備挑戰性，那年我先去念語言學校，必須考試及格才有資格去唸商學院，但不幸地我語文考試沒過關，面臨必須收拾行囊回台的窘境，但不甘心就這樣白來英國一趟，當時我竟然鼓起勇氣，守在商學院系主任辦公室前，然後用不流利的英語跟系主任求情說我會好好念書，請准我進商學院，最後結果系主任竟然同意了，那回的經驗對我影響很大，人生中第一次我認知到，只要肯嘗試，就可以化不可能為可能，這對日後我加入保德信人壽從事業務有相當的幫助。

　　在英國取得商業學位後回台灣，初始協助家中企業，再之後爸爸設立了大陸辦公室，我與先生剛成婚，那年就飛赴中國負責廠房管理，開啟了往後五年艱辛的生活，那也是原本是嬌嬌女的我，真正體驗到甚麼叫苦難挑戰，那種苦有時是叫天天不應叫地地不靈的悽慘，畢竟，若是一般員工還可以選擇離職，但我們自己就是大陸廠房老闆，

要跟誰求救呢？

　　直到撐了五年，大環境改變，爸爸事業被迫轉型，我們才終於回台，彼時我身分變成家庭主婦，兩個女兒陸續出生，我陪伴他們直到小女兒三歲那年，我重回職場，我事業第二春的戰場就是保德信人壽。

❖ 符合事業魂及志工魂

　　談起加入保德信人壽，還有一段經歷必須說明，那就是我人生另一大志趣也就是擔任志工，基本上我不是因為經濟因素才投入保險產業的，我成為壽險顧問的背後原因，跟我的志工魂有關。

　　在台灣念大學時期，我就是慈青社（慈濟大專青年服務社）成員，很早就參與志工行列，我和先生也是在慈青社認識的，所以從事慈善工作已成了我生命的一部分，也就是說，如果我後來投入的職場工作，跟慈善信念有違背，那我是不可能加入的。

　　保德信人壽符合我的標準，他的基本理念是愛與關懷，透過研習課程，我也知曉保德信人壽的保險作法真正做到對客戶的關心。不過，就算如此，從我過往的工廠資歷到後來成為家庭主婦，這些的背景都和保險業務不相關，我也不可能會主動加入保險公司，真正改變我的人，就是咩經理。

　　那年，我在家相夫教子已經三年，我沒有覺得不幸福，但內心裡總有個聲音，我不想這輩子就只是當個家庭主婦。

一開始是有個朋友來找我聊天，問我要不要去考個證照，我也覺得能夠多項技能證照是好的，那時就去參加某個保險公司的培訓，也許是因為老公看到我在考證照，他引薦他一個壽險顧問朋友跟我聯繫，那是我初次接觸到保德信人壽，不過我家住台南，那位朋友是在新竹，他積極推薦一個保險界的菁英想跟我認識，我其實當時沒甚麼興趣，礙於他是我先生的好朋友，就還是去保德信人壽上課，也認識了那位菁英。

　　就這樣我認識了咩經理，她讓我感受到，我也許可以嘗試這份工作，既可以挑戰我的事業魂又結合我的志工魂，保德信人壽讓我覺得，這裡符合我從小到大「想要幫助人」的志趣，咩經理本人則讓我有種深深的信任感，就是說，如果我的下一段職涯是要跟著這個人，那我願意。

　　因為是咩經理，我才加入保德信人壽。

❖ 一個代表堅定的女子

　　談起第一次和咩經理談話，一般人可能以為，為了增員新人，她肯定啟動如簧之舌，大力鼓吹保德信人壽多好多好要我加入之類的。

　　實際上正好相反，咩經理跟我談生涯時，她其實是要我慎重考慮。

　　記得我在去前一家保險公司（我是純上課考證照，並沒有真正去報到），在那聽過不只一位前輩說保險是個好

事業，「可以輕鬆自由的賺到錢」。

但咩經理第一次見面就潑我一桶冷水，要我認清真相，保險這行初始會是很辛苦很操很挑戰一個人舒適度的，這行不是每個人都做得來。

包含保德信人壽的考試，也非常嚴謹，真的不是許多人以為的失業就來這裡找工作的意思，我經歷過上課筆試面試，還有就是咩經理語重心長地要我慎重考慮，而我還真的內心猶豫起來，因為若如同咩經理說的「要花很多時間培養客戶的信任」、「要花很多時間增強實力」、「要花很多時間累積經驗」……我原本在家可以舒舒服服的過日子，我難道真得要來這邊「花很多時間」嗎？

但如果答案那麼明顯，這裡又累又苦又不一定保證妳賺到錢，那我考慮甚麼？為何又「捨不得」拒絕呢？

那種感覺很強烈，就好像一扇邁向新世界之門正開啟，若錯過了以後那扇門就不再開的感覺。

而那扇門的入口，就在我眼前，那扇門就是咩經理。

一個美麗但面容嚴肅，甚至看得出她有股威嚴不好惹的女子。

我後來還是選擇加入保德信人壽，當時沒有明說的前提是「一定得跟著這個女子」，以前從不相信世上會有這樣一個人，光她的存在就可以帶來一種安定的力量，但真的有這樣的女人。

我於是在108年加入保德信人壽Yea!雁團隊旗下。

❖ 怎樣才是媽媽的角色？

當初我加入保德信人壽有點猶豫，主因倒也不是我在舒適圈安逸太久了，怕過不慣被操練的日子，而是擔憂著我家還有兩個稚齡的孩子，兩個孩子當時都還在學齡前，一個五歲，一個三歲。

很久以來，這個社會就是個隱性的重男輕女社會，就算到了二十一世紀，同樣是身為父母，爸爸仍被定義為負責養家活口，相對的媽媽就有「責任」要管教好孩子。

我很幸運，我有著體諒我的先生，也有支持我的雙親及婆家，但我的母性仍讓我對孩子的教養很擔憂，因為聽過太多的為了拚事業而讓孩子失去童年的例子，我不想要成為另一個罪人家長，其實當初會選擇保險業的另一大原因，就是因為保險也比較彈性，若孩子有特別的大事諸如畢業典禮或才藝表演，這個行業允許可以自己調控時間，自由的參與孩子活動。

但真的是這樣子嗎？我加入保德信人壽後也多次和咩經理溝通這件事。

咩經理的確是睿智的人，她不用二分法看世界，不是只能好業務跟好媽媽二擇一，咩經理提出一個我以前沒想過的切入點，她告訴我，媽媽對孩子的愛，不是只有在家照養這種母愛，媽媽還可以扮演著一種「學習典範」，就如同有很多爸爸用事業成就榮耀他的家，讓子女可以以他

為榜樣，身為女子，也一定可以在保險事業成就一片天，同時間也依然可以繼續照養家庭。

我因為信任咩經理這個人，因此願意相信她所描繪的境界，事實證明，在她的帶領下，我後來真的可以做出成績，也讓家人共享榮耀。

咩經理的觀念就是：「媽媽越好，孩子也越好」

相反的概念就是，有的人說她為了孩子「犧牲她的青春」，試想那是不是帶給孩子很大壓力？好像自己原本可以有事業成就，都是被孩子拖累才無法圓夢。

或者有人會說看著孩子事業有成自己感到很落寞，因為媽媽的階段性任務就是要帶孩子，然後讓自己永遠淪為別人人生的配角。

人生不該那麼哀怨的，媽媽可以做到更多，我決定做到更多，但那就代表我將迎接一段長時期的苦難。

❖ 浴佛節的相擁

接著就是長達至少一年的考驗時刻了。

咩經理已經跟我「說清楚，講明白」，我也心甘情願地要來迎接這樣的挑戰。

印象很深刻的，我在108年四月加入保德信人壽，沒過多久就是那年的母親節。我因為在咩經理的培訓下，很認真投入這個工作，真正去做種種排約，包括母親節這天，我也有排行程。

我和先生最早認識是因為慈青社，後來也常參與慈濟活動，母親節我們和孩子參加的也是慈濟的活動，孩子念的是慈濟的附設學校，當天有浴佛活動，預定下午三點有重要的感恩大會。

我排的行程預計下午兩點結束，雖然地點在高雄而學校在台南，我認為開車應該趕得及，然而計畫趕不上變化，那天實際上和客戶洽商的時間比預計要久，結束時都已是將近兩點四十分，我心急如焚地想飆車回台南，但越急越出錯，因為路不熟，我在高雄的交流道迷路走錯方向，繞了好大圈趕去學校已經三點四十分，正式活動已結束。

當我衝進校園，只看見每個孩子的後面都站著自己的媽媽，只有我的兩個女兒後面站的是老師（當天爸爸也是因工作無法到場），看著女兒焦急的眼神，我當場淚崩，衝到她們面前蹲跪抱著她倆，直說對不起、對不起，媽媽食言了。

我當時以為孩子是因為覺得媽媽遲到而受委屈，後來才想到她們其實是在擔心我，以為媽媽是不是出事了？為何還沒來？

稍後的浴佛活動，我的女兒拿著玉蘭花走到我面前，然後用童稚的聲音說著：「媽媽妳手伸出來」，然後她用被佛水祝福過的手指點著我手指，說「媽媽，我把菩薩的祝福送給妳」。

那天我的眼淚幾乎沒停過，我內疚，我心疼孩子，我

接受孩子的祝福，我發誓我要做個更好的媽媽。

為此，我絕不能放棄我已經開始努力的事業，為了孩子我絕不放棄。

❖ 為了孩子我要更努力

那以後的辛勞付出，有時候回頭想想還真的不知道怎麼走過的，還好有咩經理一路帶著我，讓我真正可以從一個保險素人，變成被客戶信任的專業壽險顧問。

我想孩子心中原本是困惑的，原本過往三年媽媽與孩子都是朝夕相處的，怎麼突然間媽媽改變了？

為何經常晚上都回家了，後來又出門？為何媽媽不再幫我們煮晚餐了？為何甚至假日媽媽也時常來去匆匆的。

其實初始，內心是有兩種聲音交戰的，許多時候想要放棄的心聲是占上風的，但終究我想到，若現在若放棄了，不但這陣子的辛苦白費了，並且我將永遠在孩子心中有個烙印，原來媽媽就是遇到困難就放棄的人。如果媽媽可以這樣，我為何不能這樣？

不行不行，我絕不能為孩子立下壞榜樣。

而隨著我受到更多培訓，我的業績也逐漸成長，我更加不能放棄。

孩子的成長真的很快的，記得剛開始的時候，有的客戶排約在晚上，我不得不出門，女兒會很生氣，特別是小女兒，好幾次她的哭聲讓剛出門的我也眼淚決堤，甚至想

要回頭，我要抱著乖女兒不去見客戶了。

但一次兩次下來，大約一兩個月孩子就適應了，當媽媽說要出門了，兩個女兒都跑到門口，跟我揮手，媽媽注意安全，妳要早點回家喔！

會的，為了妳們我會當個好媽媽，也當個認真打拼的好典範。

保險工作其實也讓我跟先生的感情更堅定，真的我要超級感謝他，從我一開始加入保險事業，中間經歷了許多次孩子們的哭鬧，以及很長一段時間他都要父兼母職，把很多家務扛下來，但他真的「一次也沒有」抱怨過，也從來沒有暗示說我的工作帶給他怎樣的麻煩等等，他就是全新的包容及支持我，他是我最大的精神支柱。

當然，我所有的這些努力，還是奠基在我有一個可以全力追隨的好主管咩經理，因為她每次見到我先生及父母時，都會明白表達照顧人的事業不容易，而我的工作表現很好，是很努力的人，感謝父母把我教得很好，感謝先生的支持，看著她很誠懇地拜託他們支持我，沒有她，我就沒信心可以闖出一片成績。

❖ 妳就是不要停

就來談談咩經理對我的培訓方式吧！

以結果來說，我從 108 年的業務素人，到了 110 年已經夠格登上 MDRT，在那之前我也已經獲得許多公司的獎項。

並且走過第一年的磨練期後，如今的我已經更能管控時間，雖然每周還是偶有時候晚上太晚回家，偶爾假日也必須拜訪客戶，但我陪伴家人時間變多了，同時間我的業績依然可以保持一定的水準。

　　記得剛開始做業務時，我仍不脫舒適圈心態，總想著為何別人不能來配合我？為何我只是好心跟你分享產品，你卻要這樣拒絕我？那時我的心很脆弱，一碰到不如意，就內心很多的OS。但業務工作哪可能都碰到如意的事呢？實際上正好相反吧！「人生不如意事十之八九」這句話根本就是寫給業務朋友的，特別是寫給壽險業務朋友。所以很長一段時間我內心常有糾結。

　　但如今我也已走過那段內心掙扎期，我是個成熟的壽險顧問。

　　對於我的指導，咩經理採取的是「在後面推我一把」的形式，她知道我是個有責任心的人，並且我將「幫助別人」這件事作為使命，她總是在我的後面，讓我知道每次回頭，她都堅定地站在那裡守護著我。每當我內心有糾結，步履變慢了，她就上前推我一把，讓我繼續往前。

　　她就像是攀登高山時那個押隊的隊長，每當有人想放棄了，或者嚷嚷想休息了，她就繼續推著我們，不要停不要停，因為經驗豐富的咩經理知曉，在這樣困頓奮鬥的路上，任何的休息念頭，往往代表的是「就此放棄」。

　　事實上，若不是咩經理，我還真的在很多關鍵時刻，

想要休息，想要放棄那麼辛苦的工作，想要回去抱女兒不要再去管業績了。

或者就算不是休息，我說我受傷了暫時療傷可不可以？

咩經理堅定的說，不可以。你可以一邊繼續修正自己，一邊腳步仍不要停。總之，你就是不要停。不要停不要停不要停……

就這樣一路走來，驀然回首，原來我已走過這麼長一段山路，也真的看到大好美景，感恩那麼永遠守護那邊push我們的咩經理。

沒有咩經理，我們不可能走得那麼遠。

❖ 她一直沒有放棄我

我想，我算是個可造之材吧！至少咩經理願意這樣看待我，所以她對我採取的是嚴厲不放鬆的督促。

要知道要成就MDRT標準，那金額其實是很高的，三年前的我作夢也不會認為自己可以做到。

但真正做到了，發現其實也不是用甚麼秘訣，我的成就，就如同咩經理不斷要督促我們的，就是不斷的練習，不斷的做。

就只是那麼簡單。

從最開頭的不斷打電話，在打電話先不斷的練習，練習過程就要找出問題，然後不斷修改，再不斷演練，所以

初期我才總是很難早點回家。

　　修改過程是到了逐字逐句地，連聲音輕重都要注意的。做不好？練習到好。練習夠了就是實戰。

　　多少次我拿起手機，號碼輸入了但不敢啟動通話，突然間，咩經理就衝上前來直接幫我按下通話鍵，逼得我不得不開始講話。

　　多少次，我還是教不會，我心想算了我可能做不到吧？夜已經深了，我想放棄，但咩經理可不會答應。練習，再繼續練習。

　　真的，一路走來，感恩她一次也沒有放棄我。

　　某個角度來說，她比我還相信我自己。

　　就這樣一步一步走到了今天，如今我的全家福照片已經被掛在辦公室的牆上，我答應要給孩子的榮耀，我做到了，在孩子心中，我是個典範媽媽。

　　最終，如同咩經理所說的，當我把自己工作做成功了，我這媽媽的角色也會成功。

❖ 那種感動是一輩子的

　　最後我要來說說，保德信人壽帶給我家庭關係的改變。

　　我也是後來才發現，我在保德信人壽的自我訓練，跟我在家裡的教育訓練是息息相關的。

　　我的兩個女兒，從最初哭喊著媽媽妳為何要出門？到後來她們變成是當來到我辦公室，問說，媽媽，牆上為何

沒有妳的照片？

後來牆上開始有我的照片了？女兒還會問這今年妳會有更多照片嗎？

就是說，孩子看到媽媽的努力，也看到媽媽的成長了。

並且媽媽還要反過來，以身作則，帶領孩子迎向成功。當然，這裡指的不是要讓孩子小小年紀就拚功課成績之類的，而是指我要讓孩子從小就養成正確的生活習慣。

這也是我在保德信人壽養成的生活習慣：

★ 不要偷懶

人都有惰性，炎熱的夏天想要在冷氣房休息一下；看到舒適的沙發想要多躺一下再起來。不是不可以休息，但必須把該做的事完成再休息。

我對孩子教養也是如此，小小孩兒難免會偷懶，想要看電視玩電玩，不想做功課，但我把工作上的觀念帶到家裡，如同咩經裡常說的「先做應該做的事，再做想做的事」。

多少次我在辦公室裡，想要偷懶不打電話，然後咩經理就出現了，妳不可以停下來，這環節不做，後面全部事情都會卡住，再累妳也要先打出這通電話。

我也跟孩子說，回到家書包丟下，不要先想著玩，先把功課做好，後面妳再來玩就不會心中包袱。

★ 堅持做對的事

如同在學習路上，咩經理一次又一次告訴我的，該做的事就堅持去做，就算被拒絕一百次，就算面對一百個挑

戰，妳還是堅持要把事情完成。

人生事沒那麼複雜，妳做對的事情，自然就得到想要的結果。

我也是這樣教育孩子，好比說我大女兒喜歡跳舞，她去學舞蹈，但當碰到練習很累時，她開始找藉口，我再怎樣也不能演到好角色，練習也沒用。

我問她，跳舞這件事是妳喜歡也是妳選擇要做的，是嗎？

既然選擇了，就要堅持做到好。

就這樣，在咩經理的帶領下，我不僅成就自己的業績，也以自身為模範做好我的家庭教育。

對我來說，這段時間最大收穫跟最大價值，業績其次，心靈成長才是最讓我高興的。

看著孩子進步，跟你有辦法引導他，那種歡欣是無法取代的。

成績是一陣子的，但帶孩子是一輩子感動。

實際案例分享

感恩咩經理的帶領，讓我成長很多。這裡分享的兩個案例都是在我剛進公司還很菜鳥時期的經歷，那時候的我最像是孩子般需要被照顧。

案例一：就是要讓你得到保障

這個案例是我一個以前做生意時期認識的朋友，他是經營中小企業的老闆，也是我剛加入保德信人壽時期被我列為想分享壽險觀念的優先名單，不過，這個朋友我前前後後拜訪了至少七次，後來才終於簽單。

　　第一次拜訪時，我也是照例要跟他分享正確的保險觀念，想讓這個企業家朋友更了解保險的價值，但我這朋友口才很好，我講甚麼他都可以反駁，包括我強調的一些風險預防概念，他也是直說不重要啦！他自己有公司，如果真的發生甚麼突發事件，相信公司繼續營運也可以照顧家人。

　　身為菜鳥的我不知道怎麼切入這位老闆的需求，只好回去跟咩經理求救。其實咩經理跟我一樣也不瞭解這位老闆的需求，畢竟她完全不認識他，但咩經理有種沉穩及親和的氣質，她很有耐心的幾次陪我去拜會這個老闆，藉由和他對話，逐步將一些重要觀念傳達給對方。這老闆也真的很不容易打動他的心，連咩經理也說服不了他，可是咩經理總是可以藉由當天的對話，一點一滴了解對方的狀況，然後預留一些伏筆，例如「關於這部分，那我們下回帶資料來跟您解說好嗎？」而這位老闆也都不拒絕我們再訪，就這樣我們每次去拜訪，每次談的主題都不同，可能這回談的議題又碰釘子了，咩經理就再預留伏筆，安排下一回機會。

　　其實我們真的也不是要強迫推銷，而是真的認為身為企業家，這老闆應該要有更多的風險保障，我們約見面的時間也都選在他的公司剛下班，他身為老闆習慣晚點走的

那段傍晚時間。在過程中我們也感覺老闆開始對我們談的議題有興趣，他首先是讓他的兒子投保，但我們真的還是關心老闆本人的保障，而不是為了取得業績交差，所以依舊堅持一次次拜訪老闆。

終於老闆本人認同我們的說法，投保了高額的壽險保障。再後來，他甚至還會主動關心一些保險資訊，隔年又跟我們加買了失能險。

這是身為菜鳥的我，當時很大的一筆保單，也感恩咩經理在重要時刻陪著我，透過觀察咩經理如何與客戶對話，讓我學習很多。

到今天，那位客戶變成我們的好朋友，他經營的是醫療器材貿易，2020台灣疫情期間，還用特惠價提供保德信人壽同仁很實用的口罩。

很高興終於讓這位老闆得到好的保障，也建立長期友誼關係。

案例二：雙方都很尷尬的經歷

接著這個案例，老實說，到現在提起來還感到很糗。

那也是我剛加入保德信人壽菜鳥時期的經歷，那一回經由朋友介紹，認識了這位遠在苗栗的客戶。

苗栗對我來說，真的人生地不熟，想想從小到現在，我去過苗栗的次數屈指可數，並且算一算，大部分都集中在這一次我拜訪這位客戶談案子時。

他是位醫師，我先天就對對這種專業人士有點敬畏，且又在那麼遠的地方，由於是專程去的，更覺得很慎重，這讓身為新人的我更加緊張。

那天有位學長陪我去，從我一見到那位醫師開始，就好像學生時代第一次上台演講，然後一上去就嚇到不知所措的那種感覺，我原本在辦公室練習的幾乎都忘光，面對醫師我腦中一片空白，也不知自己在講甚麼，講到許多地方還結結巴巴。那時學長在外廳等我，有聽到我的講話，他說他邊聽邊不禁緊捏大腿，心想「Ruby，妳到底在講些甚麼啊？」

總之，那天就是雙方都很尷尬，包括我以及那位醫師，他看到我那麼緊張也不知如何是好？就這樣不知道我怎麼收尾的，反正就再約下次見面，醫師也同意了。

這麼糗的見面，回去當然要求救啦！所以下一回就是咩經理陪我去了。

苗栗這保障，我們也是跑了三四次，其實這醫師人蠻好，本來已經說好提供安心規畫照顧家人，但後來有個狀況，就是因為保額偏高，必須體檢，醫師覺得麻煩，就跟我們說那還是不要申請。

後來還是靠咩經理救援，我們拜訪醫師溝通幾次，最終就是提出一個既能保障到醫師（保額稍稍修正），但又符合相關規定不需特別健檢的方案。終於成交。

拜訪的這幾次中，咩經理都還是讓我主談，但咩經理很厲害的地方，她總是在關鍵的地方接手，通常就是由她

接手後可以和醫師談到一個小結，然後預約下回見面，一步步讓醫師了解且接受我們的討論議題，直到他真正認可保障的重要性，進而締結保單。

咩經理透過這樣的方式，一邊讓我繼續擔任主談一邊也救援且指導我，直到今天我可以獨當一面去拜訪客戶，咩經理真的是很棒的教練。

業務人的學習指南

我原本是保險產業的素人，在咩經理的帶領下才能在這領域闖出一片天，在此要和讀者分享的學習指南，也正是咩經理帶給我最大影響的兩個觀點：

①不要輕易放棄

在通往成功的道路上，並非一路筆直，中間可能有障礙須排除，或必須繞道，如果一碰到障礙就回頭，那甚麼事都做不成。當初我剛加入Yea!雁團隊，對自己信心不足，或者覺得家庭事業難兩全時，心中也會感到退縮。但咩經理持續給我的鼓舞，要我堅持，不要輕易放棄，後來也就真的走出一條條康莊大道。

②利他

當一個人只想著這件事對我有甚麼好處，對方不是笨蛋，一定也感受到妳的不真誠。不真誠的人怎會得到成功呢？

咩經理藉由她的身教，讓我感受到利他的重要，她讓

我知道拜訪客戶是為了對方的好，妳要先照顧到對方，而不是念茲在茲擔心自己業績。

其實她的這一面跟我原本志向很契合，我從小就加入志工行列，喜歡助人，只是現在要把這點跟業務結合，讓保單介紹也是利他助人的一環。

相信不論身處甚麼行業，只要可以堅持不放棄，也真心願意為客戶著想，客戶一定會受到感動的。

感恩咩經理讓我學會做事情更加堅持。

俗話說：「戲棚站久了，妳不放棄就是妳的。」

的確如此。

資深經驗篇

LESSON 7

感恩妳陪我一起走過從前，看見自己

> **主述者：黃淑芬（Rachel）**
> 背景：保險業資深行政助理
> 民國102年加入保德信人壽
> 民國107年加入Yea!雁團隊，晉升高級壽險顧問
> 現職：台新人壽 台南桂田通訊處 高級壽險顧問

　　加入保德信人壽（現為台新人壽）為保戶提供專業的規劃及諮詢服務，至今已經將近九年。然而，時間雖然代表著經驗的累積，但即便是這樣的累積，也有平凡與卓越之分。有人可能一輩子當個資深的平凡人，與其說是時間增進了技藝，不如說是把昨天做過的事做得更加熟練些而已，但如果昨天的成績本就平平，那再熟練些也只不過是重複老方法，獲致的也只會是一般般的結果。

　　我想，這不單是我在保險產業打拼歷程遭遇的困境，也應該是各行各業的朋友們，可能面對的人生瓶頸。你可能會發現，如果沒有經歷新的啟發、新的突破，那麼即便經歷十年二十年，舞台上跑龍套的雜工，依然還是雜工，只會變老，不會變主角。

　　轉變需要教練。

　　很感恩，咩經理成為我的教練。我的保險職涯，於

是以她的帶領為分水嶺，107年以前的我業績普通，只能勉強過生活；107年後，才終於常態的年收入達到七位數字，我的專業領域和職銜也有了實質晉升。

原來一個專業教練，真正可以影響另一個人的一生。如果有可能，建議人人都為自己職涯找個教練，最好的典型，就是像我們咩經理這樣。

❖ 比從零開始很有挑戰性的任務

我知道有許多的企業，比較喜歡聘用剛畢業的新鮮人。但明明有經驗的老人才能為公司帶來戰力，為何會選擇相對來說甚麼都不懂的新人呢？那是因為，許多時候，從零開始雖然不容易，但比起還得把「過往刪掉」重來，從零開始反而比較簡單，那就好比從一張白紙開始繪圖，會比將已經上色的圖稿整個塗白再重繪還要容易一般。

對咩經理來說，我可能就是那張已經上色的圖稿，她必須花一番心思，讓我「重新來過」，這是個不容易的工程，感恩咩經理的包容以及耐性，她帶我一步步檢視過往錯誤的方法，然後「哪裡犯錯就從哪裡再開始」。

算起來，咩經理是我的同事，在她還沒當經理，就只是咩顧問的時候，我也跟她一起在公司奮鬥。個人初期三年的時間，都是在高雄服務。我是民國105年才調來台南桂田通訊處，那時候常常可以看到咩的風采，她那時就已經戰績顯赫，而我的業績跟她完全無法相比，不只是望塵

莫及，根本我就是連踏上跑道的資格都沒有。這樣的我，那時竟然也算是保險產業的老鳥，有時候也覺得汗顏。

　　大約是我們台南桂田通訊處的大掌門，感受到我有一顆想要改變的心，也恰好民國107年，咩的生涯轉換，由咩顧問成為正式帶人的咩經理，在詢問過我的意願後，先是試著跟她一段時間，看看我的感受，然後才正式成為Yea!雁團隊的正式一員。

　　其實如同任何公司一般，每家公司都有自己的制度，也會有銷售團隊編制，可能分成許多業務小組，例如像是房屋仲介，汽車銷售都是如此，在這樣的狀況下，不是每個小組的風格都是一致的，事實上差距很大。以我自身來說，過往幾年雖然也隸屬於某個團隊，但主要是行政管理上的功能，實戰上的打拼，基本上依舊是孤軍奮戰。

　　在107年以前，我已經這樣自力更生般生存，超過五年了，甚至也不排斥都有些懷疑自己的職涯選擇了。

　　是咩經理讓我浴火重生，很短時間內，我就脫胎換骨般，也很快地從最初接的一般壽險顧問，進階到高級壽險顧問。

❖ 往前進的方法，是要先退後一步

　　回歸自身，我自問，我其實算是個很願意付出的人，我的工作也並非不努力，否則在保險這樣競爭的市場，也不可能可以生存超過五年。但就是卡在每月收入大約三四

萬收入的瓶頸，難以再突破。而過往也沒有人可以提供給我實用的指導。

終於我有了專業教練了。

我的身分比較尷尬，以資歷來說算是資深，在加入她團隊前，我們就已算同事朋友。她不太可能把我當新人來培訓，但我若想要真正有所突破，就真的要讓自己心態歸零。而咩經理也真的把我當成是一個需要指導提升的夥伴，該嚴格就嚴格，不會對我客氣。

第一步，她陪我一起檢視過往。所謂「我們無法走在一條老路，卻期望通往新的地方」，老路不能通往成功，代表老路的某個環節一定有問題，哪邊該轉彎沒轉彎，該改道未改道，咩經理帶領我的方式就是這樣，和我共同檢視我這五年來的業務軌跡。

檢視過往，先從檢閱名單開始，五年下來我自然有很多名單。不論如何，這些都已經是「從前」的事了，難道要我重新連絡一次嗎？

是的，咩經理的意思就是這樣。但在那之前，我也先整個再培訓一次，由咩經理來跟我複習基本功，準備好了，再來一個個重新聯絡。

原來，往前進的方法，是要先退後一步。

過往不論聯繫過多少個客戶，方法錯了，沒達到原本該有的效果，就是無效的聯繫。我必須重新來過。當然也不是整個都錯，而是本來可以做到一百分，從前我只提供

到六十分的地步，這不只是自己做事沒做到位，其實也是對客戶服務都不夠周到。

為此，我真心懺悔，然後好好的重新每位客戶聯繫，電話中道歉，也表達我要用實際行動，再次為對方檢視保單。

就是這樣，先不談開拓新市場，光從檢視舊的客戶的名單，重新再來找回客戶加強服務，我的業績就已經有了明顯的突破。

❖ 柳暗花明又一村

真的，一個好的教練，可以改變人生。我從107年加入Yea!雁團隊，有了明顯改變，找回新的能量，很感恩咩經理，在我這個轉型過程中，一路相挺，每天捨命陪君子，我忙到多晚，她就會在辦公室待到多晚。

經常的情況，我一整天忙下來，可能排約最後一個訪程結束已經超過八點，回到辦公室後就已更晚。但咩經理心情氣和的等著我，我們的會議才正要開始。我把當天所有約訪的交談狀況，一個個拿出來和咩經理討論，她會一個個分析，這裡哪裡做得不夠好，那裏怎樣才能更全面。結論是，大部分案子，可能都還是要第二次約訪，而在她評估必要的前提下，她會陪我去做那次的拜訪。

咩經理告訴我，一個成功的業務人，絕對是一個能把客戶服務到位的人，她不該是為了自身利益斤斤計較，但

她肯定要為了客戶的保單周全盡心盡力。正常的情況，客戶會因為我們的服務，確實帶給他們幫助，也願意這樣，真心相信我們的專業。那麼，接著我們就可以心安理得地進入下一步。

既然客戶對我們的服務滿意，那是不是也會希望他的親友得到這麼好的服務呢？肯定是願意的，如此，光一個老客戶，就可以衍伸出他的家人朋友等等，只要他願意推介，我們就去拜訪，然後再次地，我們讓對方得到充分的滿意，這樣，他又會再次推薦。

咩經理說，光是這樣的正向循環，我們肯定就會有做不完的服務。一個人如果總在煩惱著，下星期沒有找到約訪的對象，那很肯定的，她絕對從一開頭就沒有做好服務。沒有真正站在客戶的角度想事情。

與其做一百個，可能一生只服務一次的客戶，還不如花更多心思，做十個每個都舉大拇指稱讚你的客戶，十個拓展成二十個，二十個又拓展成四十個，四十拓展八十，在拓展到一百六，　三百二十……這才是成功業務人士長期屹立不搖的王道。

從事保險業超過五年無法新進展，咩經理一針見血的指導，立即讓我事業如同柳暗花明又一村。我的改變真的很快，甚至讓我覺得好可惜，如果早在102年就有這麼認真的教練指導我，我的生活早就更上一層樓了。

❖ 你自以為的好，其實沒有那麼好

當然，以我本身原本的豐富資歷，一旦抓到門道，領悟會更快。但團隊裡主要還是新人，包括我自己，我也必須把自己當成新人看待。那麼咩經理是如何帶領新人呢？

她很強調，練功夫，馬步要扎穩。對業務同仁來說，基本功還不會就急著往外衝，那只是浪費時間。

所以咩經理花很多時間和每位夥伴訓練基本功。

從自我介紹開始。甚麼？你說你這部分已經講好幾年沒問題了？那麼你說給我聽一次。

結果沒有一個合格的，每個人原本自認自己「會了」，其實並不是真的會。

這點也是咩經理可以跟不同行業朋友分享的，任何人，不論你是業務銷售也好，美術設計也好，甚至擺攤賣小吃也好，當你發現你的職涯出現瓶頸，難以做出好成績，那麼，很可能你也犯了同樣的錯，也就是從前「你自以為做得很好」的，其實根本沒那麼好，甚至一點也不好，只是過往沒人來糾正你而已。如果你的產業裡沒有像咩經理這樣的導師，你可以試著先以自我檢視的方式，把一些「基本功」再來溫習一遍，並檢討有甚麼可以改進的地方。

在Yea!雁團隊，我們基本功，包括如何自我介紹，如何介紹公司，如何介紹產品，如何跟客戶做開場白，每件

事你都要練習。

　　咩經理說，我們不去談甚麼心理學，故意用甚麼技兩來誘導客戶簽單，相反地，我們要做的基本功，就是扎扎實實的，讓客戶看到我們專業、誠意，並確信他們可以把人生最重要的財務規畫委託給我們。

　　這中間也包含以前我們認為不重要的環節，在咩經理的指導下，我們才知道，對客戶來說，每個環節都很重要。

　　例如我們針對保單，都會請要保人寫一份「愛的書信」。所謂愛的書信，某種角度來說，就像是遺書，也就是若有突發狀況發生，快到讓要報人來不及和親人對話，還好有份「愛的書信」，內裡註明他想要跟親人講的話。當然，「愛的書信」不等同遺書，這不是法律文件，真正的遺書講的會是更硬梆梆的諸如遺產繼承以及生後事安排等等，但另一方面，「愛的書信」其實更重要的一點，其內容主要是闡述對親人的愛以及心願。

　　每年，我們都會問保戶，要不要準備一份新的「愛的書信」，雖然那內容是私密的，我們保險承辦人員看不到，但我們有義務提醒保戶，他有這個權利，可以再更新他的「愛的書信」。

　　你確信你可以做到讓客戶全心信任嗎？不能？那就練習。

　　不論要練多久，練到多晚。咩經理保證奉陪到底。

　　這就是帶領我們往前的必勝教練，我一生感恩的貴人。

❖ 這是個高凝聚力團隊

Yea!雁團隊，是一個充滿愛的團隊，以咩經理為核心，我們展現高度的凝聚力。

以團隊的成員來說，包含年資不同的夥伴，每個人個性不同，遭遇的問題也不同。其實以我們業務推廣來角度，有兩種基本需求，一種是當碰到困難時，可以尋求到協助，另一種比較會被忽略的，那就是在我們努力的過程中，是需要被關懷被了解，我們是需要陪伴的。

也許某個任務雖然困難，但我可以做到沒有問題，但還是希望在我打拼的時候有人為我打氣，當我終於簽下保單，有人可以為我喝采。並且我指的是「真心」的喝采，而非如同許多業務性質企業，行禮如儀的由長官講些場面話，然後大家心口不一的鼓掌說恭喜。

在Yea!雁團隊，如同咩經理本人，以誠為本，這裡的氣氛，也都是融洽真心的。而我必須說，若不是像咩這樣得到大家共同敬佩的人來帶領，可能難以達到這樣的氛圍。咩的管理，真的沒話說，她已經做到，你碰到困難找她，她從來不會拒絕，當你工作到深夜感到疲累，回到辦公室，她一定還在等著你，並且永遠表達她會做你堅強後盾的承諾。

咩經理給人的感覺，就是「她會陪著你」，雖然業績歸我們的，但過程中她會從最初的名單討論、客戶對談演練，

實務進行討論，乃至於特別狀況下，她也會陪你一起拜訪客戶，最終就是要讓你達成目標。達標後，她會為你喝采，然後呢？沒有然後，高興一天就夠了，明天繼續努力啊！

她的某些督導狠勁，讓夥伴們受不了，但事後回想，又感恩她如此的緊迫盯人。她真的不放棄不妥協，好比到了月底，我覺得難以達標了，她會問你，你真的盡全力了嗎？沒有吧！妳還可以做更多的。拚吧！不到最後不要放棄。

實際案例分享

案例一：咩經理比我還了解客戶

有一個老客戶，我每年會幫她重新審視保單，也會逢年過節生日等等，和她保持聯繫。我知道她先生在做生意，因為工作忙碌，我從來沒有見過她先生。曾經我也跟這位客戶提過，要不要幫先生規劃保單，但她說她先生的事她無法幫忙做主，後來也就不了了之。

然後大約一年後，剛好公司有規劃新的保單，關係著退休金的應用。我自己還在想要怎麼推廣這份保單時，咩經理提醒我，那個某某夫人，她先生做生意，現在年紀也到了準備規劃退休的時候，妳要不要約約看，協助他們把保單補強？

天啊！咩經理比我還關心我的客戶，我只是過往曾例

行事項般跟她提過這個客戶，她卻都有記在心裡。

後來約了時間要過去談保單，我心裡想著，要把握這個客戶，不要把對方「嚇跑了」，因此我初步規劃的金額，其實是比較少的，大約就是可以做到案子，讓自己業績提升這樣。

但這個提案立刻被咩經理否決，她大筆一揮，把保單金額大幅提高，一年要繳六十幾萬。我心想，這樣可以嗎？咩經理就問我，妳在意的是能否成交？還是在意的是提供對方足額的規劃。她估計以對方的財力，是足以負擔這樣的保障的，她提醒我，不要為自己設限。

最後也真的，就依照咩經理的建議，我提供給那位客戶朋友年繳六十幾萬，只需繳十年，未來一到設定退休年齡，每年固定會有一筆安心的年金給付，對方只對退休規劃的細節提出問題，根本從頭到尾都沒有提到保費太高，後來也正式簽訂保單合約

這也讓我學到一課，不要預設客戶「只能」怎樣，不提出，妳怎麼知道不可以呢？

案例二：陪著客戶成長

妳關心客戶嗎？關心的話，就會知道，今年的狀況，跟五年後的狀況，一定不一樣。

只關注業績的人，可能保單簽訂了，就頂多每年問候對方一兩次，偶爾忘了繳保費提醒對方而已。但真正把客

戶當成自己「責任」的，就會陪客戶成長。

　　我有一個客戶，我認識她的時候，他還是單身，當時的規劃是以「一個人」若碰到甚麼狀況，諸如發生意外，罹患疾病等等，要有保險金做後盾。

　　然後每個月，咩經理會陪我檢視保單，關心保戶現況。後來這個客戶他結婚了，並且貸款買了愛的小窩。這時候，咩經理就和我討論，應該幫對方規劃一個，若家中另一半出事，家計怎麼辦？房貸繳不起怎麼辦？因此，我們就適時的以理財顧問的形式，和他們夫妻分享新的資訊，也調整了保單。

　　但過程中，客戶也提到，工作職場上還在打拼，薪水有限，又要負擔房貸，力有未逮。因此我們也貼心地和他規劃，現階段先可以如此，雖然保障有缺口，但至少多少有做到一點，但陪著他們成長的我們，配合先生升職啦！或年底有豐厚的年終啦！都還是會提醒，當初保障的缺額，能補多少是多少，可能今年補一點，明年補一點。不論如何，我們都會陪著他們成長。

　　後來客戶跟我說，我比他們還關心他們的人生，幾乎我們就像是他們家免費的財務諮詢顧問。也時時刺激他們思考著人生不同階段的使命與願景。

　　我說，我就是你們終身的朋友，信任我為你一生的保障把關。

❖ 魔鬼就在細節裡

　　經常跟咩經理上課學習，雖然認識她那麼久了，但每次她講的話，引用的例子都還是會讓我很感動。

　　因為咩經理，我懂得審視自己，我審視的重點，往往就是在於細節。事實證明，我過往業績難以突破，不在於我整體的銷售熱誠不夠，卻是在於細節部分沒掌握好，可能一個疏忽，一個不在意。客戶內心有所不滿，他也不可能告訴你內心話，結果就是你失去一個客戶，卻仍不明白為什麼。

　　當然，檢視細節，還是需要找人幫忙，最好是像咩經理這樣細心的人，或團隊裡其他夥伴可以互相幫忙。因為人都有盲點，可能自己身在其中，找不出問題，但第三者眼光就可以看出哪邊出問題了。

　　這些年來，我已經習慣，每天拜訪客戶後，就會把當天狀況回報給咩經理，她也會經常問出我沒過的問題，然後兩人一起來討論怎麼修正。

　　我常說咩經理是嚴父兼慈母，嚴父的部分，就是她會緊盯我們工作的細節，盯到甚至讓人有點生氣的地步，但你也知道她是為你好，就像孩子功課沒做好，媽媽就是會罵你一樣。

但咩經理就算罵人也絕對是對事不對人，她不會把情緒發在同事身上，針對一件事沒做好，她會語氣嚴厲的糾正你。但公事處理完了，好啦！大家一起去吃飯，一樣是開開心心，團隊融洽祥和。

不要常招惹她生氣的方法，就是平常多注意，該注意的細節不要漏了，把每個細節都照顧好，業績好，咩經理也不會生氣。

❖ 可以傷心難過，但不要陷在裡頭

我知道有些軍教片裡，魔鬼教官會不近人情的逼士兵訓練，不准哭不准偷懶。但其實，人心是柔軟的，誰沒有感情？碰到挫折，難免還是會傷心難過。

咩經理不會那麼不近人情，相反地，她也鼓勵，心情沮喪難過，就要發洩出來。那個時候，她還會從嚴父化身為慈母，或者說她變成一個溫柔的姊姊，會拍拍你肩膀，為你打氣，然後聽你述說心中的委屈。

但，接著她還是會告訴你，該做的事依然要做，哪裡跌倒哪裡爬起來，她說，傷心可以，但不要陷在那個情緒太久。

應該說，所有情緒都是如此，不能陷進去太久。

包括被客戶拒絕，或本來快簽約的保單，最後一刻客戶來電取消了，你難過失意，但難過一晚就好。

包括雙喜臨門，你剛簽下一張新保單，對方又說她家

族有幾位都對這保單有興趣，你欣喜若狂。同樣地，高興是可以的，高興一晚就好。

其它像是憤怒，對客戶的爽約氣忿不平；惋惜，有個多年老客戶不幸離世，人生總有種種的悲歡離合，面臨種種的情緒。

要做個成功的人，你就是要掌握情緒。永遠不要讓情緒牽著正事走。

就算咩經理這個人一般，表面上是嚴格的將軍，但內心是溫暖的母后。但日復一日，她依舊是個堅定的形象，讓大家安心，讓大家在他領導下往前走。

因為咩經理，讓我懂得思考更多，不論對自己，對人生，對客戶都一樣。

感恩我的貴人咩經理。

LESSON 8

深夜裡那盞溫暖的燈

主述者：林盈君（Queena）

　背景：台大醫管所畢業 醫療界出身

　民國108年3月受徵召加入Yea!雁團隊擔任壽
險顧問

　現職：台新人壽 台南桂田通訊處 壽險顧問

　　我是因為哥哥的推薦，認識改變我一生的貴人咩經
理，但老實說家人對我投入保險產業初始非常的不諒解，媽
媽每次都會問我，阿君啊！你真的要去賣保險喔！看著我那
陣子經常忙到深夜十點一十點才回家，家人著實心疼。

　　其實從小我就是個十分有主見的孩子，和媽媽的衝
突也沒有少過，出社會後更是選擇離家一段距離的城市
上班，就是為了保持這種不衝突的距離，然而加入 公司
後，在一次又一次的晤談中，我忽然發現如果我面對陌生
人都能夠輕聲細語，那面對親近的家人，尤其是辛苦養育
自己長大的父母，是否應該再多點耐心

　　因此，轉職帶給我跟媽媽和解，也跟自己和解。如今
我與家人關係更加緊密，我很感恩，不論我多晚回家，媽
媽總在餐桌上，為我留著一碗熱湯。

　　也如同我另一個家，Yea!雁團隊辦公室，不論我忙到

多晚，夜晚走回公司的路上，遠遠的我都會看到我所屬的大樓裡，靜夜裡亮起一盞溫暖的燈，因為我知道有咩經理還留在辦公室等著我。

❖ 轉戰保險產業

那一年發生了打擊我很大的一件事，帶給我很深的震撼。

我一個親近的朋友，年紀輕輕的才三十幾歲，竟然選擇以最激烈的方式離開人間。

在醫院工作的我某方面是了解朋友苦衷的，有時候病痛折磨超過人們所忍受；但當事情發生在自己親近的人身邊，我卻對這件事長期以來難以釋懷，讓我深深思索著生命的意義。

那天我在送別的靈堂，看著好友的老母親落寞無依的背影，一陣酸楚不禁湧上心頭，我忍不住去想，今後，朋友母親該如何生活。

那次的打擊讓我對「有無保險」這件事有著更深的感觸。在發生那件事前，我原本對保險這個行業是壓根沒有興趣的，一個台大畢業生，也在自己熟悉的領域穩定發展，再怎樣也不可能去當保險業務員。

但在醫院看多了生老病死，那件事也的確讓我思考了許多，我想著人不是只為自己活，人活著都有責任，如果哪天我必須和世界告別，我也會擔心是否帶給家人種種負擔。

在醫院裡，我曾經很多次，經過病房時，聽見外頭成年的孩子們，有時是輕聲討論著家人出院後要換住誰家，有時是根本連壓低聲音都不願意，因為已經起了爭執，吵著這回醫藥費換誰來付？

那時我也有深深的感觸，沒有錢真是相對辛苦許多，更會讓人失去尊嚴，或者原本有錢後來都給了子孫，結果自己在醫院竟然變得處境如此淒涼。

當然想歸想，我思索著保險觀念，但不代表我想從事這一行。不過當時我也真的認真想加強自己的保險知識，剛好有某間保險公司有個招募培訓，我也就應朋友邀請去上課，順便幫他衝衝增員額度，那年就取得了保險從業人員證照。只不過我考歸考，並沒有想真的從事這一行，也沒去那家公司報到，我依然在醫院服務。我只是覺得保險會是個不錯的理財工具，可以轉嫁風險，如果我能夠具備這方面專業，也可以至少幫我的家人朋友看看他們的保單。因為就我所知，還真的很多人付大錢買了保單，卻不真的了解自己買了甚麼。

初次與咩碰面，完全是賣我哥一個面子，他說咩是他遇過相當負責的壽險顧問，剛好咩當時轉任管理職，所以希望我能有機會與咩碰面，他相信會讓我有不一樣的感受，那年是民國107年，第一次認識咩經理。

到了民國108年3月。當時公司有場座談，哥推薦我可以去吸收保險新知，並且再次和咩經理見面。也算是機緣

來到了吧！這回我就決定加入公司的行列。

❖ 願意扛責的主管

那年咩經理邀我來聽三堂課，原本對保險產業沒興趣，更別說保德信人壽算是名氣比較小的公司，卻覺得保德信人壽的公司文化還真吸引到我，過往我接觸的保險產業，多半採取套餐的模式，主力放在今天你有多少預算，可以擁有多少保障。但未必真的站在客戶的立場，去思考你到底真的需要怎樣的保障？而在溝通方面，很多保險公司喜歡用艱深或語焉不詳的術語，客戶就算看了保單也不懂對方真正在講甚麼。相對來說，保德信人壽願意採取比較白話的形式，讓即便是長者也能簡單的了解保險是甚麼？

光是這種願意「站在對方角度想事情」的文化，就已經打動了我，而我的主管咩經理更是加深我安定感，讓我再無懸念就投入這個產業至今已超過兩年。

其實我的個性比較不愛被管，加上我自家經濟無虞，因此要能駕馭我的人，還真的必須從「心」著手，而咩經理的管理方式就是懂得搭配每個人不同的需求步調，並且能夠以德服人，她用自身當最佳楷模，不論是工作態度或業務技巧都讓人佩服，因此可以抓住同仁們的心。

而咩經理帶領我的方式，很簡單但也很基本，她對我不採高壓，她只要求我做到「今日事今日畢」，這對我來說很容易落實，也符合我的個性，我本來就是做事很盡責

的人，而且我的基本價值觀，也認為不論是哪個行業，人人在所處崗位上把每天該做的事完成，這是本分。

所以從我加入公司到今天，我不是那種很積極拓展業務型的人，但只憑著咩經理指示的這個基本精神，即便我業績不亮眼，卻有穩扎穩打地保持一定成績。

我就是聽話照做，每周排約、該出席的會議準時出席，拜訪完客戶也依咩經理的指示做好資料整理跟她討論，見面時我會提我的想法，咩經理也分享她的建議，她不會強迫我照她說的做，但她一定會表達她對我堅定的支持。而我也相當尊重咩經理的意見，因為她有著超過十年豐富的業務實務，她的智慧能提供給我，我當然很珍惜。

事實上，以我過往也有其他行業的工作經驗，以及經常聽朋友分享他們的上班心聲，我知道像咩經理這樣的人是很難得的，她不但在我出發前就給予許多指導，對於後續的每個案子或每個狀況，她也都願意陪我一起面對，个像從前我在醫院常常碰到的是，該主事的醫師平常總是太忙無法提供協助，後來有任何狀況又都說與他無關，包括我許多朋友也都說，現代社會，主管不願扛責是常態，像咩經理這麼照顧同事且負責盡職的人，已算稀有動物。

❖ 關於咩經理這個人

說起咩經理，她還真特別，世上真的有這樣的人，像是直接從古文教科書裡走出來的典範。你會相信像她這樣

的人，就算處在無人監管的世界裡，她也同樣地一絲不苟甚至一板一眼的把該做的事完成。

咩經理有個特質，就是不說場面話，她說一就是一，說二就是二，以現代職場社交學的角度，她這樣很另類，甚至在很多場合很容易得罪人，然而，秉持著誠信公正，個性比較剛正不阿的咩經理也不需要討好誰，她只是數十年如一日般堅定地扮演好她角色：她要對客戶負責，她要對她的團隊負責。所以她說她該說的，做她該做的，你會很佩服像她這樣的人，有時候面對面說話，更會讓人覺得受不了，因為她總是實話實說，甚至真實地讓人覺得赤裸。

我初始就是很難接受咩經理的「實話」，天啊！咩經理講話一定要這麼直接切入重點不能稍稍轉個彎緩和一下嗎？

她說我不敢面對自己，她說我在逃避，並且她每天就是盯著你，要你不要再逃避，那對工作沒任何幫助。咩經理就是不像很多主管般，會講些好聽話，會畫大餅安撫員工，或者說些「只要你努力，就會有更好的收入」這類罐頭特效般的勵志語，她就是直接指出照你現在這樣做，你一定無法成功。

咩經理從一開始就把殘酷的世界攤在你面前，讓你知道那些業績好手們的亮眼成績絕非一朝一夕得來，背後一定要經歷「辛苦」甚至「痛苦」的過程。然而也因為咩經理如此的誠實，所以她後面的話就會很有說服力，她說

雖然業務之路艱辛，但只要願意照著咩經理所說的確實去做，她可以協助你達到你設定的目標。因為她自己已經走過太多崎嶇路，她知道怎樣可以避免那些不必要的狀況，所以她要我們不要想太多，不要被其他人的步履所影響，就真的只要配合她的指示，聽話照做就好。

她會負責教你，也會負責協助你把事情真的完成，咩經理自始至終給我的感覺，就是：當你有需要時，她一定會守在你旁邊。而且她最令人敬佩的，不只是講話實在，並且她說到做到，她從來不會以為自己已是高階主管就有特權，任何她規定夥伴們要做到的事，一定也是她自己會做到的事，像每天幾點要到辦公室報到這類的事自不必說，她從來都比我們早到，包括她規定你每周照顧到三個家庭，那她自己一定也以身作則做到，對像她這樣已經做到管理職，日理萬機，要照顧那麼多人的前提下，這真的很難得。

❖ 遇到挫折不見得是壞事

我從加入公司後，在咩經理領導下，雖然從未當過業績王，但聽話照做的我，每月都能順利成交。

其實初始第一個月我很不順利，幾乎想要放棄，因為當月我送了十二件，結果到最後只有三件核保過關，其他九件每件都包含至少一種狀況，有人不願意體檢，有人有體況問題，還有人最後不想簽名，甚至有一位她直接跟我

說，那時是看在有學長姊陪我，所以「做個面子」給我，她不是真想投保，令我聽了哭笑不得。

而那個月那九件沒核保的保單，直到今天也都沒真正成交。

可想而知，初下部隊就碰到那麼多狀況，對我打擊該有多大，但講話最直白的咩經理，反倒一句話就安定我的心，她說「妳現在碰到的這些事，是每個壽險顧問未來『一定』會碰到的，結果你現在提早碰到，這其實是好事」。

如果連嚴肅的咩經裡都說這是「好事」，那就真的是好事。

果然，早點經歷到狀況，也就可以早點做好心理建設，就好像打預防針一樣，我之後就比較不怕打擊。其實包含我在公司或我和其他朋友互動交流時知道的，許多從事業務工作或自己開店的朋友，可能一開始好像業績不錯，例如店開幕時一大堆親朋好友來捧場，或推廣保單前面全部都友情加保，往往太順了帶給他們錯覺以為事情都很簡單，等到手邊資源用完了，過程中又沒有經歷太多磨練，到後來反而事業做不下去。挫折、磨難、考驗等等，還是早點經歷的好。

而像我這般看似從不爭取甚麼榮耀，看來沒甚麼企圖心的女孩，只是按部就班一步步走，反倒每月都順利照顧到人，若問我訣竅，我真的沒有訣竅，反正就照著咩經理的指示，聽話照做就是。該打電話打電話，該排約排約，

對商品更熟悉後的我，講話更能與客戶對頻，自然有人認同我闡述的理念，做出簽約的決定。

❖ 被客戶肯定是我最高興的事

我和客戶對接的情況，緣故大概只占四分之一，許多新人在初期透過緣故的支持，逐漸在這個領域打下基礎同時建立信心，我算比較特別的，我反倒認為緣故比較不那麼好簽，但緣故推薦的新朋友，或者包括這些新朋友再推薦的新朋友，初次見面大部分都是陌生人，我的成交率還不錯。

過程也接觸很多故事，例如有原本有彼此是閨蜜般的朋友，後來因故鬧翻決裂，但當事人依然關心她的朋友，認為她有保單需求，但也強烈要求我絕不能說出她的名字。

說起來某部分的我是非常感性的，特別是我做壽險顧問但我個人是屬於比較沒經濟後顧之憂的，這樣的我，可以把更多心力放在「關心對方」這件事上。實在說，我面對客戶時，都真的只關注對方的需求，我把對方的事當成是自己的事，好比剛認識時對方還是單身，後來他結婚了他買車了他買房了……我都當成是自己的好友般高興，也長期保持關注。

甚至包括對方表明暫時沒預算投保，只要還願意跟我保持聯繫的，我都持續去關心對方近況。

像我這麼不具狼性的壽險顧問，也因此吸引到許多客戶吧！最遠包括外島，也都有我的保戶呢！

而我也曾和咩經理溝通，我可不可以不像別人般去爭取 3W 的績效？因為一開始我也曾做過這件事，但感覺壓力太大，不符我個性，咩經理說沒關係，但至少每周要照顧到一個人，這件事妳做得到吧？？

　　這我的確可以做到，所以現在我就這樣做。並且我已經在咩經理的督促下養成習慣，以前我比較隨興，不愛被業績追著跑，但現在我若哪個禮拜沒照顧到人，不用咩經理開口，我自己就感到「怪怪」的，會自己檢視工作排程，是否哪個環節螺絲釘鬆了，活動量太低或約訪沒做好等等？

　　不過督促我的，不是當周沒簽約這件事，而是我從事這工作是要照顧人，沒簽約就代表我這周沒幫到人，這是我比較在意的。

　　而從初加入到現在，也累積了一些服務經驗，最讓我感到溫馨的，就是客戶真心的回饋，例如有位緣故推薦的新朋友，他跟我說，從以前到現在，有太多人跟他介紹保單了，可是他都沒有下決定，因為感覺總是不對，直到遇到我後，他才真的願意簽單，「彷彿過往的拒絕，都是為了等待妳的出現」。

　　有客戶願意這樣肯定我的服務，就是我做這行最高興的事。

　　好像就是為了我的出現。

實際案例分享

投入保險這一行，也改變了我很多，讓我更願意站在別人角度想事情，例如當跟長輩互動時，我知道有些老人家很忌諱談到「死」這個字眼，我就會適當調整，改用像是「等那天到了」這類陳述方式，或者會事先問對方，我等一下會提到這方面的事你在意嗎？等等。

帶給我心靈最大改變的自然是咩經理，感恩她尊重我的個性，並引導我可以做一個更好的人。以下是一些咩經理協助我的案例分享：

案例一：陪妳把單子簽回來

我從下部隊後就更依賴咩經理的指引。記得初次拜訪客戶就碰到送件有問題，被總公司通知要補件，或者被提醒要帶客戶去體檢，那時我總是在想「不要再給我出狀況」，我希望一切順順的，我擔心原本客戶都準備要簽約了，如果這些「麻煩狀況」惹惱客戶，讓對方不願接受規劃怎麼辦？

咩經理看我很緊張，就告訴我：沒關係，她會陪我去處理。

然後她真的就陪我一個個去拜訪客戶，我原本害怕客戶說「那麼麻煩乾脆不要保了」，後來有咩經理陪著我，我就比較可以拋開心魔，專心在「幫客戶處理事情」這件事

上，咩經理都交給我自己談，但她隨時待命當我的後援。

我知道很多業務單位不是這樣，主管只會下令「妳就去給我簽回來就對了」，但咩經理不是如此，她總是讓我感到安心。

「簽回來」，只是三個字而已，背後代表多少問題要解決啊？特別是新人更會害怕，也希望看到本書的讀者若本身是管理者，要能像咩經理般守護著自己的組員。

案例二：遇到簽約後取消的狀況

我說過我很多問題都發生在前期，當時我還是新人，就面對那種種的諸如「答應後又反悔」「保單進行不順，節外生枝」的狀況，要不是有咩經理守護著我，我可能早就打退堂鼓了。

咩經理就是那種，她既然把妳招募進來了，就終身對妳負責到底的主管，她絕不會丟下妳一個人不顧。

在剛下部隊那幾個月，我常遇到一種狀況，就是客戶說她「臨時發生狀況」要取消保單，問題是那可不是昨天前天的事，而往往是送件已經超過一個月，也確定保單生效了，這叫我怎麼辦？

我當然因此處在慌張的狀態，咩經理就出來救援。她直接帶著我去客戶那邊，由於狀況比較大，所以直接由她來溝通。

我印象深刻的，咩經理不是設法去「糾正」對方或

「指責」對方怎麼可以簽約後又反悔？相反地，她總站在客戶角度，表示「惋惜」，她真誠地跟對方說，有了這張保單，對妳很重要，況且這樣的規劃目前已經看不到了，妳現在要退掉實在很可惜。咩經理字字句句都在為對方著想，她擔憂對方的保障不夠，而不是去責怪對方造成我方困擾云云。

我甚至當時才恍然大悟，原本我以為我們是要去保全這張保單的，實際上我們自始至終都還是為了補足客戶的保障缺口。我這也才更加了解公司的用心，咩經理當時真的感動了我，原來我口口聲聲想幫助人，結果當客戶碰到問題時我一緊張卻關注錯了焦點。

後來我就學習咩經理的精神，真心去關心我的客戶，當看到他們的保障缺口被補足，是我最開心的事。

業務人的學習指南

而今我在保險產業也跟著咩經理走過快三個年頭，我深深知道，我們壽險顧問真正是身負重責大任，業績只是附帶的，真正我們該關心的是我們照顧到多少人。

❖ 面對問題，一切以客戶權益導向

我發現從前人們為何對保險從業人員印象不好？

第一、簽完約找不到人

許多業務人，簽約前天天來電，簽約後換保戶得天天

去電，有時候業務的出現，好像就是為了簽約這件事，錢到手了，再見面就困難重重。

第二、平常沒事沒關係，一碰到狀況業務就只會躲

可能今天保戶碰到狀況了，健檢檢查出病灶，或職場上發生意外想辦理賠，接著就發現，怎麼當初對我畢恭畢敬的業務，現在想找她，她總是有事在忙，碰到理賠狀況，總是處處刁難這也不理賠那也不符條件等等的？

我會加入保德信人壽，除了因為咩經理本身的人格魅力，也因為我確認保德信人壽是值得信賴的品牌。

在咩經理帶領下的我們，都是客戶權益導向，一有狀況甚至比客戶還積極去關注進度，絕對不會出現「躲」的情況。

但我也必須承認，初始新人第一個月時，當時諸事紛紜，才新人就碰上保戶問題一堆，當時我的確想躲起來，甚至想要放棄這份工作。然而，一旦我願意正視問題，願意面對面去解決問題，我的格局變大了，保險之路也更寬廣。

我也想跟讀者分享，問題發生了，若不處理，問題不會自己消失。別以為避開問題也避開後續的懲罰，實際上正好相反，問題一天不解決，內心的煎熬就一天無法消解，那才是真正的懲罰。如果當初我逃避了，不論我轉到哪行，懲罰都依舊在，那多可怕啊！但我去面對了，問題解決了，也成為我往後事業的養分。

❖ 真心為朋友好，就不要怕受傷

至今我當然還是常常會面對被拒絕的狀況，但我的心境有轉變。

當然感性的我還是會受傷，可是療傷一下子，隔段時間我還是會再去拜訪那個拒絕我的人。

曾有緣故拒絕我並且為了怕我受傷，她跟我說：

第一，她不覺得那些風險會發生；

第二，就算發生，她也永遠不會怪我。

其實她說得有道理，但即便她不怪我，我依然覺得這是我的責任啊！所以我依然每隔三個月或半年會去找她。

也有朋友跟我約見面，開宗明義就強調，今天我們可以談姊妹淘任何話題，但就是不談保險。

當時我選擇尊重他，但事後卻覺得，以往我們聊生活，聊工作，聊家庭，這些都是談天的話題，而我現在還是與你聊生活，聊工作，聊家庭，只是當我轉換職場，我的生活與工作，正巧是人們最排斥的話題，其實想來也覺得有點難過，因為我還是我，聊的話題沒改變，只是內容已被人貼上標籤表示抗拒。

無論如何，儘管遇到種種狀況，身為專業人士，我們關心朋友，療完傷，擦擦眼淚，依舊要義無反顧地做正確的事。

其實我從前的朋友，知道我投入保險產業，並且竟然

堅持至今，或多或少會感到訝異。畢竟我是一個不喜歡強迫人做決定的人，怎麼能夠接受要跟人討論買保險？

　　但現在的我真的很喜歡這份工作，不像以前在醫療產業都是面對類似的情境，在這裡我可以認識各行各業的朋友，聽聞很多以前沒聽過的故事。

　　我更感恩因為來這裡的歷練，讓我更加成熟更加有責任感。也許在業績方面，我不是短跑健將，但我可以是跑馬拉松耐力賽的持久參賽者。

　　我衷心感恩一路上有咩經理陪著一起跑。

　　也感恩她總是守護著我，不論我多晚回辦公室，她都總是在那裏等著我。

　　這種感覺真好，知道有人在乎妳，

　　靜夜裡，為妳守著一盞燈。

遇見她的兩年勝過其他八年

主述者：孫榮裕（Jerry）
　背景：從事外銷去過世界各地的生意人
　民國100年加入保德信人壽，高級壽險顧問
　民國107年加入Yea!雁團隊 晉升資深壽險顧問
　民國110年四月成功轉換跑道，由壽險顧問晉
升為業務經理
　現職：台新人壽 台南桂田通訊處 業務經理

　　盧美吟（咩經理）是位個性堅強，信念堅定的女強人，是公司裡的耀眼典範，我是極少數，曾經把她惹哭的人，為此我也感到後悔，因為她是如此無私地幫我。

　　那一回我拜訪完客戶，已經深夜大約十一點，咩經理針對我的保險個案，提出了她的看法，但我自己本身也認為夠資深了，我有我自己的做法，當時並不認同她，也因為我個性也很強勢，那時就和她大吵，結果不歡而散。

　　後來因為還要整理資料我又回辦公室，大約午夜時我看辦公室沒人以為我是最後一個走的，依照個人習慣，離開公司前我會去檢查一下各處電燈有沒有關，經過女廁時竟然聽到女子哭聲，我本身並不怕鬼，但夜裡哭聲實在詭異，我就敲敲門問裡面有人嗎？

原來在廁所哭的竟然是咩經理，那個傳說中最堅強甚至令人害怕的經理。

　　隔天我們做了心平靜氣的溝通，我確實有不對的地方，我也跟她道歉。

　　這件女強人哭泣的事不是機密了，因為後來咩經理協助我得到總經理盃金牌，我也公開跟大家談及這件事，並且我當場對她表達感恩。

　　此時她笑意盈盈，反倒在台上我自己感動得到想哭了。

❖ 從上市公司轉戰保德信人壽

　　我算是資深保德信人了，加起來有超過十年的壽險顧問資歷，跟台南桂田通訊處其他人相比也真的算是資深，比咩經理 96 年加入的只相差四年而已。

　　本身我算是比較外向敢衝的人，更年輕的時候，我前職從事的是外銷工作，曾服務於半導體很有名氣的上市公司。我去過很多人一輩子都不可能去的國家，包括非洲以及中東地區，那些地方有的發展較落後，有的甚至有嚴重治安問題，而我都是站在最前線。

　　原本我是天不怕地不怕的人，但後來出事了，才真正感悟，人不該與天爭，「天有不測風雲，人有旦夕禍福」不能不信邪。

　　那回我在巴基斯坦遭遇搶劫，真的差點連命都沒了。那次事件也讓我開始思考是否該轉職？不過尚未有具體行

動。

剛好那時接到保德信人壽的電話，老實說，我就算考慮轉職也絕不可能將保險產業列入考量，並且是那種想都不用想，說不可能去就不可能去的產業。

當時那位經理也很聰明，他不會一味鼓吹我轉戰壽險顧問，他只說來認識新朋友應該沒問題吧？的確，我自己也是多年業務，樂於交朋友，就這樣我去保德信人壽，和那位經理換了名片，也在他推薦下去上了一些課。

漸漸地，隨著我對原本工作越來越覺得沒有保障，相對地保德信人壽的愛與關懷理念很吸引我，然後有一天我心中頓悟般，覺得這工作不錯，那就去做吧！

當時我這個決定包括妻子以及長輩都不能諒解，我爸爸甚至有長達三年期間都刻意不跟我談工作的事，直到我後來做出成績，跟家人互動才比較好。

❖ 要不要加入鐵娘子團隊？

原本我是在保德信人壽高雄通訊處服務，已服務六年了，我自己和岳母的老家則在屏東，我太太也是在屏東擔任郵政儲匯人員，但她在懷第二胎期間，報考通過郵政特考之後晉升管理職，必須調任台南上班，那天當我去拜訪岳母時，岳母說你太太都去台南了，你是不是也應該去台南？岳母都這樣吩咐了，我自然要遵照辦理。

只不過有個小小問題：我若調台南要加入誰的旗下？

依照上級給我的建議，是要我跟盧美吟合作。說「合作」並不只是一種好聽的說法，在編制上的確不隸屬於她管轄，我的業務直屬關係仍在處經理，只是實際上我主管是咩經理，多麼有趣又不是那麼緊密的統屬關係。

說起盧美吟，雖然因為過去工作地域不同，我不常看到她，只偶爾在全國大會場合看有遇見，可是也沒甚麼交集，但盧美吟真的在我們南部很有名，是個象徵成功的人物，大家都知道她是個鐵娘子，據說不是好共事的。所以當主管建議我跟她合作時，我內心是有些忐忑的。

主管建議我可以跟盧美吟學習，這點我不否認，因為她成績的確比我好，想必她一定有過人之處。但同時間我又有種資深保德信人的自尊，再怎麼說我當時也已經在保德信人壽服務六年多了，也有我自己的做事風格，並且實在說，靠我自己的方式，我在高雄也算做得不錯。據說盧美吟對自己跟對別人要求標準很高，我不確定我可否可以順利地跟她共事？

事實證明，我後來才剛調去台南第一個禮拜，就跟她起了衝突。

無論如何，當時主管要我考慮，我的確思考了將近一個禮拜，然後才做決定轉換到Yea!雁小組報到。

❖ **想更上一層樓嗎？**

到任公司六年多以來，其實我的業績算是平平，以滿

分為標準來看，就是大約六七十分這樣，我自己是覺得還好，收入夠用，當時也沒有特別想要突破。倒也是不是沒進取心，只是沒有特別被人督促，就這樣一年一年過來。

但遇到盧美吟，我們的咩經理，她可不是一般人，她是很會督促別人的人。我一加入團隊，她就跟我溝通：

Jerry你來公司那麼久，是不是應該拚一個PTC，也就是業務單位每一年的總經理盃競賽？

既然新的主管都這麼講了，並且還提起我的年資，這讓我也放不下臉來拒絕吧！

我就反問咩經理，我也想成績有所突破拿個獎項啊！但就是少了可以落實的方法。

這時咩經理很大氣的說：我，有辦法讓你得金牌。

內心裡我真正的想法：大話誰不會說啊？妳說有辦法就有辦法？我過往六年都做不到，我就不信妳可以幫我做到。

由於本身的資深，所以剛到台南時我還是有點對於必須寄人籬下而心存芥蒂，因此內心裡其實對咩經理當時是不信任的。

然而，後來我才知道，雖然我內心對咩經理有成見，但咩經理卻自始至終，內心秉持著誠信良善，她真的一心一意，竭盡所能的要幫助我成功。

❖「聽話照做」的嚴格執行版

到底要怎麼幫我成功呢？畢竟我並不是新人，甚至也不是只有年資一兩年，對像我怎樣的老鳥，咩經理有甚麼必勝「秘方」嗎？

沒有秘方，只有務實基本功。

咩經理跟我說，想要有好的成果，就要從對過程的要求做起，即便痛苦，依然必須做。

所以她就把我當成新人一般，每天盯著我按部就班的做，每天要提早到辦公室開會學習，每天都要確實做一對一演練，每天要打的電話額度確實要做到，更別說每天要做的約訪，都不能偷工減料。

她督促我每天要打至少 25 通電話，並且密集地和她討論每天預計約訪多少人，若名單太少她會盯著妳要再安排。

每天約訪完，絕不能先回家，一定要先回辦公室跟咩經理討論今天如何與客戶互動，不管多晚，她都會等你，甚至印象中有等到凌晨兩三點的紀錄，而就算如此，也依然第二天要依約定時間提早到班。

這段時間持續了整整半年，實在說，很多時候我覺得我快受不了了，簡直是這輩子最操的時候。甚至我覺得咩經理這個人，根本有強迫症。

辛苦終究沒白費，半年後我真的拿到總經理盃金牌。

如今回過頭來看，咩經理做了甚麼？真的沒甚麼特別的，她都是照公司的規定做，只是她非常嚴格執行而已。

基本上，她就是放大版的公司標準。

她把公司規定要做的事，一方面量化次數變更多，二方面精準度提高，並且她就是站在那裡盯著你要完成，你別想打馬虎眼。久而久之，我們內心也因此建立了自律，畢竟，我們已經不是小孩子，若還來玩「老師有在看就認真做，老師不在就隨便做」那套，那自己想想也會汗顏。

　　簡言之，就是「聽話照做」的嚴格執行版，不只照做還要更多的意思，就是這樣我拿到總經理盃，我得到金牌。

❖ 那天為何哭泣？

　　服務六年，業績只是平平，遇到咩經理後，我卻在那短短兩年後自己也晉升業務經理，咩經理對我的影響不言可喻。

　　如今我已不在咩經理旗下，我自己是跟她平行的經理人，我可以用更客觀標準來看待咩經理這個人。

　　首先，管理這件事本就見仁見智，像我自己現在管理的團隊，作法就會跟咩經理不同。

　　可是不可否認地，咩經裡願意長期的做到自律，以身作則也一次又一次的帶領成員登上高峰，短短兩三年，經過她培育的成員已經多人升經理，她真的有她值得敬佩的地方。

　　而回頭來檢視，那回我為何和咩經理吵架？她又為何一個人在廁所哭？

　　咩經理這個人真的很理性，即便前一晚她哭了，第二

天依然公事公辦地，跟我仔細討論她的論點。

簡言之，我有我的「自以為」，我認為我的作法可以做到，但這樣的「自以為」跟咩經理的認知是不同的，我又堅持己見，所以有那次的爭吵。

重點在於咩經理的「認知」是怎麼來的？她其實是身經百戰得來的，她真的是全公司保單實戰資歷最佳的人，其他人將來可能會遇到的狀況，她多半都親自遇過，因此她已經知道該怎麼因應，可惜人們不一定願意接受。那就好比在森林裡探險，有一個常住森林的長老警告探險者不要往前面走，那裏有流沙，可是探險者卻覺得，不會啊！前面是林中空地一片平坦怎會危險？一定要身陷流沙才喊救命。

咩經理就像那個長老，我和許多自以為經驗豐富的人就像那些無知的探險家。咩經理一心為我好，我卻不領情以為咩經理在干涉我，還跟她吵架，無怪乎她那天自己一個人在廁所哭。

❖ 真心感恩

我特別要感恩的，我是寄養的身分，咩經理對我的任何輔導，只會耽誤她的時間，卻不可能從我業績中得到任何的制度獎金。

她是真的非常無私地想幫我。

她只是既然承擔了這個責任，知道我被分配到她這裡培訓，她就覺得有使命要幫我成功。

此外，這跟咩經理的個性也有關，我認為雖然在業務績效方面她是公司裡的楷模，但其實以性情來說，咩經理反倒比大部分人都單純，她其實沒有甚麼算計，也從不去搞甚麼辦公室政治，她就是想要幫助人，就全心全意去幫助人，甚至對像我這般曾對她無禮的傲慢男子，只要她認為是她輔佐範圍，她就會掏心掏肺地付出。

我後來真正感受到她對我的照顧，從此就非常尊重她，並且很感慨，世界上竟然有這麼認真這麼單純的女子。

她為了我的業績提升，甚至過程中還自掏腰包，贊助我家人旅行費用，基本上就是把我當成她自己的家人。

而今我雖不是她團隊的人，我每次看到她都會油然升起一種尊敬，咩經理，你是我永遠的長官，我尊敬你直到永遠。

實際案例分享

說要幫我就是幫我，就算面對像我這樣的資深人員，咩經理依然是沒在客氣的。

案例一：從三萬變十七萬足額的規劃

那回我約訪了一位半導體公司的工程師，第一次見面都談得差不多了，我了解他的現況，目前還單身沒有家累，自己家裡則是醫生家族，就是說家人收入不需他特別擔心，所以保障規畫方面的重點就是做好自身的風險管控。

這是簡單的保單，我已經做好相關簡報，帶著保單規劃建議說明書，我不想太麻煩咩經理，本想快速「溜」出辦公室的。

　　不料其實咩經理早就在關注我的一舉一動了，她在我出門前硬是把我攔下來。她說：「Jerry，等下要去約訪誰？讓我們坐下來談談吧！」

　　然後真的不誇張，她當面就將我的建議書撕掉，要我重新規劃一份。

　　我原本給那個工程師的規畫建議是一年繳三萬多元，但咩經理大筆一揮，竟然要我把費用調到年繳十七萬，當然，因此整個建議書保障內容全都要重新調整。

　　三萬變十七萬，這可不是差一點點，這差很多啊！

　　其實第一次見面時的確沒和工程師聊到他有多少預算，三萬是我自己計算的，我內心裡想的其實是：金額不要太高免得客戶被嚇跑。

　　現在被咩經理這樣介入，我心想，完蛋了啦！這案子肯定簽不成。

　　結果大出我意料，工程師看了我的建議書，覺得這樣規劃保障很好，關於保費，他根本連一次質疑都沒有，後來就直接簽下十七萬保費的保單。

　　這真的讓我對咩經理超佩服的，她光聽我描繪那個工程師的狀況，就判定那個工程師負擔得起這樣預算，並且也認為工程師收入高本就要規劃更全面的保障。

日後，我也在咩經理的開導下，更敢接洽其他高單價的保單，我不會只以自己的想法去框架以為客戶「只能付那麼多錢」，我也逐漸理解所謂價格跟價值是相關的，若有客戶對價格有問題，我會反問Toyota和賓士可以一概而論嗎？

　　我要為客戶提供有價值的保單。

案例二：幫醫師爭取千萬保障

　　我知道咩經理的胸襟廣闊，總是站在保戶的角度希望他們可以被保障周全，相對來說我還是比較無法平常心，在和客戶接洽過程中，我總是擔心談太久「案子會沒了」，有一回有個案子來回談了好幾次，我時時都擔心對方最後會不會真的跟我們簽約，那回我的擔心是有依據的，因為我那個客戶她的好閨蜜就是從事保險業的。

　　那個案子是咩經理跟我一起談的，因為金額比較大也比較需要複雜的專業解說，緣由於保單周年，要一一去檢視以前的案子，這個案子是一對夫妻，先生是醫師妻子是老師，咩經理跟我去，我們要針對他們全家包含兩夫妻以及兩個孩子，做全方位的保障，總保額超過上千萬。

　　初始因為醫師很忙，只有那位老師來接待我們，她一直說這件事她來決定就好，而因為認識她我們也知道這位老師有個閨蜜朋友是另一家保險公司的，咩經理就跟老師說，我覺得這麼大的案子還是醫師一起參與的好，我們都

這麼說了，老師也不好自己做主，後來也把醫師找來。

這案子因為牽涉金額較大，我們還精心幫他們全家規劃細到每個環節，前前後後往返兩個月，我內心裡一直有個擔心，會不會忙那麼久，最終便宜都被那位閨蜜佔去？畢竟，那位老師一定每次都把我們的建議書拿去給她閨蜜看，那閨蜜只要拿回去照本宣科再修改幾個數字，把價格壓低些就變成她的版本了，實在說跟閨蜜對比，我們沒甚麼勝算。

在全盤檢視保障的過程，看到所謂的閨蜜之前所提供都是低保障的儲蓄險，咩經理始終平心靜氣地，該提建議就提建議，該修改哪裡就修改。最後還是醫師比較明智，這張保單的決策人也是他。那時我們也跟醫師明說，我知道有另一家保險公司可能跟我們競爭，但請問那家保險公司有「主動幫妳們做規劃」嗎？

再者，因為對方是醫師，我們用了一個更貼切的比喻，如果醫師你今天費心幫病人診治幫他開立了藥方，但病人後來卻拿了你的藥方去其他家醫院的藥局拿藥，你覺得這樣公平嗎？

後來醫師接受這個年繳上百萬的保單，過程前後歷時超過兩個月，咩經理全程都跟著我一起做討論及沙盤推演，是我們共同簽回這張保單的。

但各位讀者知道嗎？我只是工作管理寄養在咩經理這，我跟她沒有業務統屬關係，所以她幫我那麼大的忙，

簽下那麼大的單，卻一分一毫都不會入她口袋，她就是純粹要幫我，這是讓我很感動的地方。

案例三：請水果放了就走

以下是一個跟理賠有關的案例。

那是我一個保戶，他是個台商，有一回因為職場意外，他從樓上摔下來，把腿摔斷了，後來返台做進一步治療。

其實那個台商的保單本來就因應他的事業成長，我有規畫趁著這回去探望他時，也順便聊聊新保單。

當我買了水果，準備去醫院探望那個台商，出門前被咩經理叫住，她問我想怎麼做？我就說我會探病時候跟她順便聊保險的重要，也正好這回事故讓他更了解甚麼是風險？

結果咩經理告訴我，千萬不要為了怕我聽不懂，咩經理再三提醒我，到醫院甚麼額外話都不要說，水果放了，說一句「請安心交給我」，就這句話，然後你就給我回來，聽見沒有？

可是……

沒有可是，你就水果放了給我回來。

咩經理千交代萬交代，我只好去醫院看望台商，水果放了說句「請安心交給我」，鞠個躬，轉身就離開。一般業務應該都會坐下來寒暄，我沒有，照咩經理的吩咐水果放了，然後離開。

接下來我為了辦理保單問題需要跟台商拿一些文件，這時台商已經回家休養了，咩經理問我要怎麼處理？我說我會去台商家拿診斷證明書跟收據，然後也跟他聊聊新的保單規劃。

　　再次地，咩經理喊一聲：千萬不要。

　　她再次耳提面命跟我說，去到台商家，其他話都不要說，就跟他拿文件，該簽名的地方簽名，文件拿了就走。

　　可是……

　　沒有可是，照我說的話做，聽到了沒？

　　好吧！這回我到台商家，跟他拿了應拿的文件，我看台商也泡了茶準備跟我聊天，但我卻等他簽名好起身告退就走，台商還訝異，怎麼一下子就要走了。

　　我跟他說，你先安心靜養，你的事交給我辦，其他的以後再說。

　　就這樣，我連續兩次都不趁辦事時跟台商聊保險，帶給他的印象就是，這人真的是來看望我的，他是真的想把我事情處理好，不是想要趁機跟我推銷。

　　後來我幫台商的理賠處理好，反倒是台商主動約我，他想跟我聊聊保單的新規劃。

　　而我也超敬佩咩經理是如此的細心，能夠充分佔在傷者的角度想事情。

業務人的學習指南

從我自身經驗，可以看出三種業務人：

①新人以及業績不佳的人，②業績平平的人，③業績卓越的人。

理論上，若一個人保持成長，應該會是①→②→③的過程，實際上卻不是如此，太多人到了①就卡住了，最後他們通常選擇放棄，更多人則像從前的我一般長期停在②，至於從②到③，這中間一定必須經過淬煉，有兩種方法：

◈ 遇到貴人

如果在職場上你能遇到一個好主管，那是你的幸福。但我認為，有時候主管也是爭取來的，你可以主動表示要跟哪個主管學習，例如我如果當初更早和咩經理學習，那成就會更高。

◈ 自我醒悟

不是每個人都一定有名師教導，大部分時候從①→②會有老師亦即直屬主管帶領，從②→③卻需好的教練。若沒有遇到教練，就必須靠自己的勤勞及觀察體悟，以我觀察咩經理為何比別人成功，除了勤勞自律以及站穩基本功這些是基本的要領外，她的一個特色，就是觀察敏銳，這使得她在做任何事，都很重視細節，就以上面我舉過的案例，咩經理都可以比我看得更多更遠，關鍵就在於心細。

咩經理可以細心到拿筆給客戶要留意遞筆的方向，建

議書的編排方式針對年輕人跟銀髮族必須不同等等，因為多一份用心，所以比別人更大的成功也是應該的。

感恩咩經理的照顧，感恩咩經理的無私。今後我有任何的成就，背後肯定都有著咩經理深植我心中的種子。

感恩咩經理改變了我。

在這裡服務超過十年了，跟咩經理「合作」的時光只有短短兩年，但那兩年所學卻已影響我的一生。

新人初綻篇

LESSON 10

跟著偶像一起打拼

> **主述者：方亮晴（Jill）**
> 背景：原本從事房仲業
> 民國110年三月加入Yea!雁團隊
> 本書採訪時她還是剛下部隊才一個多月的新人
> 現職：台新人壽 台南桂田通訊處 壽險顧問

我是我們團隊裡的新人，事實上，我不只是在保德信人壽或者整個保險產業是新人，我跟保險的連結也是個完全的新人。相信在台灣已經很難可以找到，都已經年近四十，卻從來沒有買過任何一張保單的人。那也真的是因為我原本人脈圈裡，沒有人從事這行，也沒有任何人試著要跟我引介保單。直到加入Yea!雁團隊，我也才在這一年正式投保。

其實我自己正就是一個好例子，不要預設立場以為保險市場都被開發過了，應該還是有人像從前的我一般，尚未買過保險。而就算已經買了保險，相信有很大比例的投保人，不了解自己的保單，也不曉得自己保障其實還不夠。許多缺口需要被補足。

相信自己就是可以透過專業來協助補足缺口的那個人。

我有信心我可以做到，因為我有一個最優秀的主管，也就是咩經理，她是我的偶像，跟著她，一定可以達到我想要的目標。

❖ 妳是我的偶像

咩經理是我的偶像，這不是溢美之詞，任何人問到我為何加入這裡，我一定毫不猶豫地說，當初會加入，完全就是為了盧美吟，我最崇拜、我最欣賞、我最想追隨的偶像。

有的人愛追星，狂戀五月天，家裡貼滿劉德華照片，或把哪個肌肉猛男巨星設為手機桌布。

但我這個人，不搞影視追星那套，我想追隨的，就是盧美吟，我最尊敬的咩經理。

最早認識咩經理的時候，她還不認識我。

當時她在台上演講，我是那個被她的魅力整個吸引住的人。

原本從事的就是業務工作，我在房仲業其實成績還算不錯，因為我個性算是認真積極，我會主動去上課學習，那回，也是因為想要提升自己能力，所以參加那時老闆邀請她來講的業務交流分享會，老實說，我已忘了當天的題目是甚麼，是關於業務銷售還是理財規劃之類的，但我清楚記得，我終於看到一個事業典範，那就是當天的主講人之一盧美吟。她當天講述的重點內容，完全打動我的心，她講的不是業務技巧，而是告訴大家「怎麼認真對待自己

的工作」，可以說因為她的那席話，奠下我對自己的工作期許，我無時無刻都在想，我在任何一個崗位，都應該對自己的事負責，我要對得起這份工作。

當時吸引我的是盧美吟這個人，而非因為保險這個產業。證據就是，我聽完講座後，仍繼續回歸我的房仲生活，完全沒有想要轉換跑道，事實上，我當時在房仲產業還真的做出一番成績，任何人都不會猜到，我表現那麼好，為何突然要離職？甚至那天我初次接到盧美吟本人來電時，我才剛獲頒某個業績獎項。

那時距離那回聽演講，已經相隔一年了。

接到她的電話，那種感覺就像是心中有個聲音「終於等到了」，彷彿我從小到大的種種奮鬥歷程，都只為了要接到那通電話。盧美吟問我，要不要來保德信人壽聽一下職涯發展課程，事後才知道事隔一年盈君壽險顧問再次推薦我，我根本完全沒有懸念地，當下就跟她說「我願意」。

講得那麼慎重，盧美吟當時一定對我的回應感到困惑，畢竟她當時只是再次聽到盈君壽險顧問推薦我，提及我先前有同她說過想找一份穩定的工作。沒想到一見面，我也毫不扭捏地跟盧美吟說，妳是我的偶像，我是為了妳而來的。

好吧！分享會都已經隔了一年多的時間，沒想到還這麼欣賞咩，那時，咩才鬆口願意給彼此一個機會，為此她還同我前職的代書老闆溝通，結論是如果有通過公司層層

的面試就加入Yea!雁團隊吧！

　　就這樣我成為Yea!雁團隊的一分子，我的偶像盧美吟，變成我的主管，咩經理。

❖ 妳對自己交待得過去嗎？

　　所謂崇拜有兩種，追星族迷戀對方的美貌，然後愛屋及烏也喜歡對方才華，那是一種。純粹被對方的理念、態度、以及人格魅力等等所感召，那又是一種，例如許多偉人，像是宗教界的教主、企業界的經營之神等等，對這些人的崇拜都是屬於精神面的。

　　具體來說，我們咩經理是怎樣的人，當這樣被問到時，我反倒不知道該怎麼講，那就好比有人形容德瑞莎修女很好，賈柏斯很好等等，要具體形容卻有一定程度困難，因為有限的字眼無法真正描繪完整這個人的好，甚至擔心只用有限的字眼，反倒讓對方的好被「打折」了。

　　咩經理就是那麼的好，難以形容的好。簡單來說，她帶來一種正向能量，一種讓人安心的能量，就是說，我可以把我的生命交給這個人，她一定不負所託，可以好好引領我往最好的方向。

　　關於這些聽起來很浪漫的話，咩經理聽完後其實也不會特別高興，她只是繼續板起她那著名的撲克臉，嚴肅的問我，妳這周照顧到人了嗎？沒做到？妳打算怎麼做？等會演練一次給我看……

這就是咩經理，她是個非常有責任感的人，做事正直，有時可能太過一板一眼，但她非常腳踏實地，她給人的感覺，就是：「妳可以百分之兩百信任我，因為我做事要求的標準，永遠比別人對我的期待還高。」

　　不過咩經理也知道我的個性，她知道我也是屬於有責任感型的人，所以她經常採取的作法，不是直接耳提面命的指導我怎麼做，而是要我反問自己，你現在這樣子的狀況，「妳對自己交待得過去嗎？」

　　至少，這種反求諸己的方法，對我非常有效，畢竟，當初我就是聽到咩經理的那次演講「怎麼認真對待自己的工作」才來這裡的。

　　也因為咩經理願意從我的內心激勵起，讓我願意在她指導下而改變。其實，我原本自問是個業務實力還不錯的人，但來到這裡後，才知道我在業務行銷領域根本還是井底之蛙，過往我並沒能被有系統的教育訓練，很感恩，我是來到Yea!雁團隊後，才真的被紮實地從內心整頓。

　　咩經理告訴我，只要妳有心，那麼公司絕對願意全心栽培妳。只要願意伸出妳的手，那咩經理也會無私地把她的專業都跟你分享，她願意手把手帶著妳，迎向妳所設定的，想要追求的美好結果。

❖ 一個肯打拼的新人

　　從零開始好不好呢？以我的狀況來說，我真的是保險

素人。所以我特別好教吧！我所接觸的保險實務，一開始就是我們這種秉持著愛與關懷，並且重視全方位照護的保險。

一個本來連一張保單都沒有的人，反倒成為以保險服務為終身職業的人，這應該非常有勵志性，可以告訴人們，公司讓像我這樣的人，也可以做到非常專業。

關鍵自然還是因為我有個最佳教練，我的偶像咩經理。

我的進步算是快的，我雖然五月才開始正式下部隊，但我該月就已經拿到保額王的佳績，這可不是專門針對新人的獎項喔！而是我們整個台南桂田通訊處，不論是資深同仁還是新人一起競爭，由我這個典型菜鳥，得到這個榮耀。

當然也必須說，這絕不是我一開始進入市場做業務，就取得佳績，實際上是我還在新人培訓時期，就已經在學習之餘，也具體在鋪線，我被咩經理的精神感召，從一開始就不給自己設立甚麼新人緩衝期，而是做起跑前的熱身，一起跑，我就正式拜訪原本鋪線的客戶，把保單一件件簽下來。

咩經理也鼓勵我，勇敢賺取自己想要的收入，這裡我們強調的是「只要你肯做，妳就可以拿到妳努力的報酬」。如同我初認識咩經理時，就被她的踏實魅力所吸引，咩經理從不以花俏言語描繪虛假的未來，她不畫大餅，相反地，她寧願一開始就把真相告訴妳，她總是告訴像我這樣的新人，我們透過努力有機會賺到不錯的收入，但也必須告訴妳，這條路不好走喔！很多人可能前面會撐

不下去。

　　咩經理講話很直接，要輕鬆賺錢別來這行，要想天天聽到讚美這也不是我的個性。討好妳不是我的責任，幫助妳賺錢圓夢才是我的責任。

　　我也在她的督促下，以新人之姿，從下部隊第一周起算，周周達到3W競賽標準。

　　其實老實說，賣保險跟賣房地產差別很大，雖然我原本在房仲產業做得不錯，但房地產市場是客戶會直接來找我談，畢竟，他們會出現在辦公室，本來就因為想買房子。但保險真的不要指望人家主動來找妳，就好比我本來一張保單都沒有，但過往的我也沒想過要主動去找人買保險。

　　身為一個新人，我實戰經驗，一開始也碰到難題，問題是出在心態面。

❖ 如果沒有即時分享，恐怕會有遺憾

　　我想，就連多數保險業老資格前輩，都依然難免會用業績導向想事情，我這個初出茅廬的保險業新人，當然更有心態難關。

　　所幸咩經理，從最基礎教導我，就從導正心態做起。

　　例如我問咩經理，我還是會怕去跟身邊朋友談保險。為什麼？因為怕朋友會覺得妳來找我就是為了「拉保險」，這樣負面形象會破壞我友誼。

　　咩經理就反問我，妳是為了「拉保險」才找朋友嗎？

不是這樣的。

　　思維錯誤，後面的行動就失去的準據。我們去找朋友，是為了「幫助他們」，因為我們打從心底知道，這件事對他們很重要，趁現在做好風險管理，不要等出事了再後悔。

　　咩經理繼續反問我，如果你今天有一個要好的朋友，但妳疏於跟他分享 正確保險觀念，後來不幸有天他出事了，朋友因為沒投保，更讓家中悲劇雪上加霜，妳若知道這件事，不會愧疚嗎？妳沒有及時在朋友還健康狀態時投保，導致後來她家人無力照顧家計，這樣妳沒責任嗎？

　　只要站在這樣角度想事情，妳就願意勇敢積極的和朋友分享正確的保險觀念，因為妳知道妳在做對的事情，妳正為了不要讓妳朋友以及將來的自己可能感到後悔，而為朋友建置完備的保障。

　　咩經理的教導，突破了我原本心中的障礙。

　　我後來變得很喜歡去找我身邊朋友，並且幾乎是迫不及待，彷彿晚了一步就會有遺憾似的。並且比較起來，我當然想先「救」身邊的朋友，他們都是我關心的人，也因此我從下部隊一個月以來，做的都是緣故的保單。也持續一個月周周都達標，直到後來2021疫情三級警戒，政府不鼓勵外出，影響百業那時才稍稍有停頓。

　　其實就算是碰到疫情，咩經理依然有她的策略，同樣是站在客戶的角度著想，她認為，正因為疫情，讓大家更感到人生無常，不是嗎？如果過往風險意識不足，那經

過這樣影響全球的災難，更凸顯了保險的重要。咩經理鼓勵我，就持續去「說該說的話，做該做的事」，要把提供大家足額保障，當做是自己的使命，至於具體方式，包括如何透過視訊做交流？那反倒是技術上的細節。咩經理認為，心態正確才是最重要的。

實際案例分享

案例：母親節的簽單

我是個新人，所以現在能分享實戰的案例較少。但依然有一個跟咩經理有關的成功案例。

對象其實是我最親愛的姐姐，既然是重要的人，我平常就已跟她分享保險觀念了。但這個案例裡，我其實是因為太慎重了，因為太愛自己姐姐了，反倒怕自己把這件事搞砸了。因此在跟姐姐談過很多次後，反倒已到了臨門一腳，準備簽約時我退縮了。

當我跟咩經理提到我的狀況時，她沒有指責我，反而她很同理心的跟我說，她了解我的為難。所以她願意協助我這個案子。

我很感動的，那天正好是母親節，我知道咩經理自己也是母親，她有自己的家庭，她的小孩也想為她慶祝。但她卻把這麼重要的一天，拿來協助我跟姐姐談保險的重要，並且當她和我姐姐溝通完，也正式簽下保單時，都已

經晚上十點多了，她整個錯過原本可能的母親節大餐。

很感恩咩經理把帶領我們成功，看得比她自己的節日慶祝重要。

業務人的學習指南

我本身還在學習，但我在此願意分享的是我的偶像咩經理的教導。

❖ 做事要對得起自己

做甚麼要像甚麼，咩經理告訴我們，在這裡要把自己視為創業家。既然是創業家，就不要再用上班族心態想事情。

她說，妳心中一定要有一把尺。

練習得夠不夠？不需要看經理，問問妳自己就好。

妳盡全力了嗎？不需要看經理，問問妳自己就好。

咩經理刺激我們行動的方法之一，就是她付出的一定比我們多。明明是自己的演練影片，但她看影片反倒比我們更認真，並且就算我們有十個人，每個人都有各自的影片檔和音檔，只要妳願意把檔案給她，咩經理保證會很仔細的看，並且給妳精準的回饋。

她強調做業務沒有甚麼天份差別，重點就是妳肯不肯勤練。我在咩經理督促下，一天都做到至少打五十通電話。

❖每天都可以重新開始

　　曾經，我們都是上班族，保險這個產業，很少人是一畢業就從事這行的，大部分人都有其他的職涯經歷，也一定會有過往行之久遠不利於業務推廣的壞習慣。

　　咩經理告訴我們，要正視自己現在的角色，不要把以前不好的習性帶過來。碰到問題不要找藉口，就勇敢且誠實地面對自己，承認自己有所不足，承認自己真的沒把事做對。只要願意面對，肯覺悟再晚都不嫌遲。

　　咩經理也鼓勵我們，壽險顧問這工作真的很好，在這行，今天也許不開心，但沒關係，難過一晚就好，因為明天又是新的一天，妳真的可以重新做人，其他行業就無法如此了，上班族妳要把昨天的煩惱帶到今天，但業務工作，昨天所有的拒絕都是昨天的事，妳今天會去開拓另一批人。

　　每天可以重新做人，這真的是非常棒的一件事啊！

　　感恩能夠認識咩經理這樣的人，從崇拜偶像，到後來我讓自己變成可以像她那樣好的人，當然，現在的我跟她實力差距何只一點點？但感恩有她這樣的楷模，讓我學習，讓我成長。

　　組裡我們都暱稱咩經理是媽媽，所以她除了是我的偶像也是我的媽媽，妳會相信媽媽是愛妳的嗎？當然妳會相信媽媽是愛妳的。

所以在成功人士的教導下，妳只要「簡單相信」就好，我相信咩經理，她是比我們自己都還要認真的人，有這樣的人可以跟隨，我們每個人都看得到希望與未來。

LESSON 11

有妳在，我就不再感到害怕

主述者：蔡沁恩（Alice）

背景：教育體系出身，碩士學位

民國108年 11月加入保德信人壽

民國109年 12月加入Yea!雁團隊擔任壽險顧問

現職：台新人壽 台南桂田通訊處 壽險顧問

　　我時常跟家人及朋友說，咩經理像是我的養母，這有兩層涵義，第一，指的是在保險產業做為我主管的身分，我原本隸屬於某個業務團隊，後來因原主管生涯轉換，我頓時成了沒有上級的業務孤兒，之後才被安排「寄養」在咩經理這。第二，要強調的是「母親」的概念，初始只是因為公司任務分派，咩經理擔任我養母，她的管理風格，讓人覺得她是嚴母，但最終我真正感受到的，她其實是個慈母。

　　這不是一種禮讚用的形容，我說咩經理是慈母，是我真的親身感受到她對我的呵護照顧，她關心我這個人，她在乎我的成長，那無關管理位階上下統屬，也無關業務績效分潤，她讓我有了歸屬感。雖是寄養，卻似親生。

　　感恩在她的教導及照護下，我在壽險顧問領域逐步站穩腳步。在這裡，找到一個家。

❖ 她不可怕，她只是很認真

不同於許多人可能對保險這個產業有所疑慮，我是從學生時代就認同保險是人人必要的避險乃至理財工具，我也對保險產業抱持正向看法。原本主要在企業裡擔當行政方面職務的我，後來基於想要追求更好收入的嘗試，並且也因為保德信人壽真的是具備很好理念及形象的企業，我於民國 108年正式加入保德信人壽。

其實我不是那種很強勢有熱烈企圖想要成功的人，我原本的主管也採取尊重我個性的做法，所以一直以來我的業績都只是平平，也因為如此，後來當我直屬業務主管生涯轉型，我進入沒有主管的空窗期時，我們保險事業處也不敢輕易的把我轉調，怕我不適應，我當初加入Yea!雁團隊，是採「寄養」身分，也就是先去「待一陣子看看」的意思。

會有這種我可能「不適應」的擔憂，當然是因為咩經理這個人「威名在外」，她的工作成就長年已經在保德信人壽是種典範，而她的管理方式更以嚴厲出名，據說過往也有新人因無法忍受高壓而離開。

但咩經理真的很可怕嗎？其實，真正與她接觸，我發現她其實是一個很願意為團隊付出，並且也很尊重每個成員意願的人，具體來說，就是「妳真的想要」，她才會用較嚴格方式督導妳，若妳「不需要那麼多」或者「還沒想清楚」，

那她其實比較像是個輔導保母角色，而不是傳說中可怕的魔鬼教官角色，一直不間斷地讓我誠實面對自己。

我是在民國109年八月面臨沒有主管的問題，也曾由處經理直接帶領，那主要其實就是一個「上面有人」可以做報告的概念，並非正式的培訓機制，中間有段時間我有些角色模糊，直到年底才選擇寄養到咩經理這。

與其說咩經理管理教導我甚麼，不如說是她協助我「找出自己想要甚麼」，她不可怕，但確實她很認真，比一般人認定的標準還認真，而她帶給我的第一個基本觀念就是：不需要把世界想得太複雜，當妳把基本功做好，妳自然就可以變得很好。

❖ 你就是要砍掉重練

某個角度看，咩經理其實就代表保德信人壽。也就是說保德信人壽的理念，就是咩經理的理念，保德信人壽規定要做甚麼，咩經理也就做甚麼。

只是她做得很認真，一切以最嚴格標準落實。

她對我以及對團隊每個人的要求，其實也就是這樣。

關於收入，保德信人壽講求的就是C=C，也就是妳付出了多少，就可以拿到相對應的報酬，這也是過往我從傳統上班族轉戰保德信人壽，讓我很認同的一個觀念，只不過，很顯然的我沒有全力以赴，所以所得沒有太大突破。而來到咩經理這裡，她就是帶我重新找回當初我認同的那

個C=C，為了讓這公式真正被落實，咩經理的做法就是帶我從一個新人做起，做好基本功。

反正對我來說，她的指令很簡單：要我砍掉重練。

就假定我今天剛來公司報到，我甚麼都不會，該怎麼介紹商品？該怎聯絡客戶，包含該怎麼「講話」都得練。

甚麼？講話也要練？就是要練，咩經理會盯著我，我先練習錄下自己講話的內容，例如「王先生您好，很高興透過張先生引薦，今天要來和你分享風險保障的概念……」聲音錄好後，我要寫成逐字稿，然後包括逐字稿和聲音檔她都會用心地幫我修改或調校，並且她改得很細，不單只是講話內容要調整，講話的語調也要調整，進而連我「這個人」都要調整，我該穿怎樣的衣服？我的表情如何？咩經理都要調整。

其實從前的我，就是表情有問題，基本上我就是個沒自信的人，如果有一個人要跟你介紹商品，但你看她的表情，就好像連她自己都不相信自己產品的樣子，你會願意跟她買嗎？

咩經理就說我的這種問題，就叫做「沒底氣」，但她不會因此就告訴我該採用甚麼話術戰略，或對我做甚麼心理勵志那套，不，萬變不離其宗，咩經理告訴我的還是那件事：就是要做好基本功。

為何講話及整個人給客戶感覺沒底氣？因為我沒自信，為何沒自信？那是因為我的學習不扎實，所以在客戶

面前怕怕的。

為何學習不扎實？因為心態根本就不對，只想靠「僥倖」，希望客戶認同。

簡言之，不論我過往經歷多少，就算我之前已經來保德信人壽超過一年了，反正就是砍掉重練。

❖ 成就是一字一句調整苦練出來的

是因為咩經理，她讓我重新定義「認真」兩個字。

也許我仍未擺脫以前上班族時代思維。

上班領薪水時代，做事主要是看「老闆可以接受嗎？」而並非「我這件事是否可以做得更好？」工作心態也通常是，這月薪水可以照領就好，而沒有太多的品質優劣考量，交差最重要，又不是參加競賽。

從事業務工作後，焦點則是放在我可不可以賺到收入？如果甲先生的錢我賺不到，那就去賺乙小姐的錢，再失敗，就接著找丙先生。

這樣的態度，咩經理說這叫「游擊戰」心態，非常不可取。

咩經理給我的感覺（以及實際上的作為），就是她把一件事做到頂尖，她要讓客戶滿意，至於客戶簽不簽約？那已不是第一考量，客戶有被照顧到了，自然會簽約。她甚至讓我感受到，就算明明客戶已經要簽約了，若我們評估我們做得不夠好，她寧願先暫緩簽約把事情做到最好再簽。

因為認真，所以她帶人會很嚴厲，她不是為了嚴厲而嚴厲，如果不是因為你沒把事情做好，她就不會這樣盯你。並且若當她好好跟你講你都講不聽，那也逼得她不得不採取其他方式：也就是她只能採取嚴厲方式。

所以若說咩經理很嚴厲，那其實也是被逼出來的。

剛砍掉重練那陣子，真的會因為咩經理的認真，清楚感受到自己的不夠認真，當然不經意就會有很大的壓力。我自己都錄音也寫好逐字稿，還放了一聽再聽至少十遍，也改了又改，咩經理依然覺得不滿意。而我自己也的確從這過程中，真的可以站在第三者角度看我自己，閉上眼就可以摹想那個畫面：我對著客戶滔滔不絕講話，原來我就是這個樣子，我的聲音我的用詞還有我臉上不自然的表情……

也真的因為這樣被操練，我更能精準用字遣詞，不再像從前可能因為掩飾緊張，有時候講話失焦甚至語無倫次。

我也聽說為何現在的咩經理，會那麼嚴肅又不多話？因為咩經理自己就是這樣苦練過來的，比起現在她操練我們，當年她對自己要求更嚴，一而再再而三，錄下自己的話抄寫下來，就是這樣後來為了不要讓自己抄寫抄到手太酸，自然而然講話越來越精簡。

這聽來像笑話，但我相信這是確有其事，咩經理如今的成就，就是如此扎實苦練出來的。

❖ **咩經理前 VS 咩經理後**

我加入 Yea! 雁團隊（或者說我開始寄養在 Yea! 雁團隊），那個時機點，恰好是我加入保德信人壽滿一年的日子。

　　一方面正好是個對比，讓我日後印證，「遇見咩經理前」跟「遇見咩經理後」的對比。一方面，以我們業務工作習慣，滿一年也是要回頭去檢視老客戶重新拜訪關心的重要時候，剛好讓我在咩經理的指導下，重新再拜訪所有客戶。

　　也就是我要做保單復習，以及周年追蹤。過往很多是緣故保單，我當時沒有介紹得很詳細，我後來再跟她們約，我會先表達一些歉意，說不好意思我以前可能漏了跟您分享一些重要的訊息，但我現在誠心地，想讓你知道你是跟怎樣的公司合作，這樣你才會更安心地把一生保障交給我。

　　而很神奇地，以前的我太在乎業績，結果後來業績沒太大起色，反倒後來在咩經理指導後，我現在更在乎是否真的照顧到保戶，直接影響就是我業績逐步特昇了。

　　為什麼呢？那是因為客戶願意相信我「這個人」，終於願意把我當成一個保險品牌了，也因此她們願意把朋友也介紹給我。所以我的「轉介紹」成績越來越好。

　　真的是咩前VS咩後，有明顯的不同。

　　而雖然初期在練基本功時，咩經理要求很嚴格，但她只是很有耐性可是態度不算嚴厲。我跟咩經理互動的主要時期是民國110年，這時的她真的慈母的形象多，嚴母的時候少，可怕的狀態一次都沒有。

　　慈母是甚麼樣子？大家可以想像自己還是小學生時，

媽媽是怎麼帶領的？

「妹妹，你作業帶了嗎？」「妹妹，今天學校老師教甚麼？」

咩經理日常生活對我就大概是如此。

比起責罵，她比較愛採用「提醒」的方式，「Alice，你有聯絡你那個同學了嗎？」「Alice，明天預定約訪的客戶你資料準備好了嗎？」

其實像我這樣子不太積極的人，還真的是需要被提醒了，至於比提醒更進一步的催促或指責，如同咩經理說的，大家都已經是成年人了，如果甚麼事都要我來督促，我想你也會感到很累。

保險產業是個自由度很高的產業，每個人的個性不同，自己的收入可以自己決定，若你真的覺得想要比從前更進步，那咩經理很樂意每天當那個提醒你的老媽子，最好的境界，她希望你做到自律，但如果暫時還沒辦法做到，那她願意協助你。

我想到一個很貼切的形容，那就是「牙齒矯正」，咩經理像是那個拉緊我們齒列的矯正器，她不希望一輩子束縛著你，有一天你會自己展現自己的美，那她就可以功成身退單純守護在後方，等你有需要的時候再出馬協助。

❖ **咩經理是最佳教練**

我知道當我形容咩經理是「慈母」，這個字眼有點不

搭調，有人肯定睜大眼睛，「慈母」？那個最兇的盧美吟是慈母？

的確！我指的是她真心教導訓練我，她有慈母心，但她的動作及表情，是絕對不走溫柔路線的啦！

並且必須說，有時候過程不會舒服，就好比媽媽要求孩子晚上先寫完作業才能玩，孩子也是會不舒服，但你也知道她的用心是好的。

那基本有個信任感，知道她再怎樣言語不客氣、再怎樣叫你做你不那麼想做的事，你都知道，她一定是為你好，她永遠不可能算計你，不會像某些電視電影演的，主管靠壓榨員工讓自己升官，咩經理做任何事，就是為了你好。這件事甚至就連最不能接受她管教方式的人，也百分百會願意相信咩經理的真心。

對我來說，咩經理帶給我最痛苦的一件事，就是她讓我必須像照鏡子般一樣面對自己，比起增加業績這件事，「面對自己」更讓我難以接受，可是咩經理確定這是我無法逃避的過程，說嚴重點，若這一關過不了，我也難以繼續當個壽險顧問了。

我不能再如此缺乏自信，我要勇敢面對自己，包括聽錄音裡頭自己的聲音，更包括我被錄影，呈現出我講話的樣子。

然而一旦最害怕的事你都可以面對了，你不再因為聽自己講了蠢話就羞到無地自容，也不用再害怕看見自己不

自在的影像，那你就可以把焦點放在「如何改善」自己這件事上。

所以整體來說，咩經理改變我最大的一件事，不是她讓我業績提升，而是她讓我整個人從內心開始「改頭換面」。

接受咩經理指導前，我是個講好聽點是隨心所欲，實際上就是個散漫無紀律的人，所以我銷售沒有一個定性，就算我自己的心境很不穩般，我收入也很不穩。

接受咩經理指導後的我，整個工作態度已經完全不同，並且不僅僅是在工作上，我整個人的生活習慣也變得比較積極認真。我的收入整整成長了三倍，而我加入Yea!雁團隊到採訪出書的這天，也才差不多半年。

我想，不論以任何標準來看，咩經理絕對都可以獲得「最佳教練」的讚譽。

實際案例分享

我加入Yea!雁團隊的時間不算久，出於我不是她親自招募的成員，所以也算是寄養的身分，這裡可分享的案例不多。

其實應該說我每個成交案例背後都有咩經理的指導，我如今與客戶互動的方法也都是依照咩經理的教育訓練方式。

這裡我就舉一個跟咩經理教導我「心態」相關的案例。

案例一：害怕面對有體況的保戶

這個案例其實也就是我在本書採訪前一周發生的，她是個有體況的客戶，也因為如此，當初光把她的案子送件審核等等，前後就花了兩個月，最終結果是可以核保了，可是因為她的身體狀況，所以整個費用必須增加。

實在說，我雖在咩經理培訓下，已經比從前自信了，但這個個案還是讓我感到內心忐忑不安。

連我自己都感覺到費用變高了，有些不能接受，我接著想像著客戶生氣的樣子，就害怕到「不想面對」。

看出我是如此的不安，咩經理就決定陪我一起去見這個客戶。

一路上我依然內心焦慮著，想著客戶會怎樣生氣，咩經理又會怎樣安撫對方等等。

結果到了客戶家後，卻完全跟我想像不一樣。

沒有責罵道歉不愉快那類的，相反的當天氣氛很開心，對方甚至說感謝我們為了她的案子特別花費心力，因為她自知身體狀況問題，也覺得保德信人壽的保單規劃很合理。

我這才恍然大悟，原來我一心聚焦在「怎麼處理麻煩狀況」，同時間咩經理卻聚焦在客戶「這個人」本身。

她自然而然地與客戶應對，展現出人與人間互動的真情。

我也才知道，我要跟咩經理學習得地方還有很多，她指導我的基本功和技術，我或許可以靠勤練，但她的為人氣度，我還跟她差得遠。

其實更多案例，都是類似這種情況，就是我碰到特殊狀況，會感到害怕，然後呢！就跟孩子躲在媽媽背後那樣，我遇到這些讓我惶恐不敢面對的狀況，我就躲在咩經理後面。

咩經理也只能耐著性子一次又一次陪我去解決問題，然後指望我快點長大。

業務人的學習指南

相信讀者看到這邊，也大致上可以想像出我的形象，就是比較溫和甚至膽小，很多時候就像個孩子，需要媽媽照顧的形象。

事實上，直到前些天，我也都還有些鬧孩子氣，因為「心情不好」讓自己變成蝸牛，也就是把自己縮到殼裡，不願面對世界的意思。

面對像我這樣的孩子，咩經理也只有持續保持她的慈母般愛心，耐心守護著我，然後待我「出關」，她依然每天在我身旁耳提面命地，Alice你資料準備了沒……Alice你這周打算拜訪幾位客戶……

以下是跟著咩經理學習，幾個可以跟讀者分享的業務成功要點：

❖ 讓自己成為可以面對壓力的人

其實你會發現，壓力正好就是人生轉型的關鍵，包括轉換新環境，參加學測大考、參加競賽，甚至認識新伴侶，都會緊張甚至害怕，可是若生活中少了這些事就代表你的人生停在原點，就好比一個人若永遠停留在小學生狀況，那大概是最沒有壓力的吧！但這樣好嗎？

咩經理是個很容易帶給同伴很大壓力的人，因為面對她的時候很清楚知道自己沒做好的部分，看到自己的表現不如預期，還希望可以有更好的表現，這樣的狀況下怎麼可能不會有壓力，如同心跳圖會有高有低，倘若沒了自己的期許，沒了壓力或許就可以躺平族，所以有壓力才能讓人成長，當然她也會看情況而定，像我這種抗壓性比較偏弱的人，她也只好姿態更溫和些（但不可能溫柔），但她的做法，就是比你可以承受的「多一點點」。

面對一般人，她會鼓勵甚至要求對方，要達到3W目標，要每周約訪多少人等等。但面對像我這種特例，她不會強制我參加那種競賽，但依然要給我適度的壓力。

其實日常生活中，誰都不想當壞人啊！誰沒事要給你壓力惹你嫌？往往壓力都是自己給自己的，當然就是不滿意現階段的自己，只有像家人好比媽媽才會不厭其煩出現造就你的壓力，要你考試成績好，要你更進步等等的。所以我說咩經理是慈母，她願意扮演造成我壓力的那個壞

人，常常要求我們要自省。

每個人只要比自己原本舒適生活多一點點難度，多一點點要求讓自己去突破，相信都可以提升一定的人生境界。

❖ 如果怎麼做都不順，那請從根本檢視起

就像我這樣，我加入保德信人壽一年期間，成績都是平平。

是約訪不夠嗎？是講話技巧不好嗎？還是我運氣不好？

到頭來，當局者迷，還是像咩經理這樣經驗豐富的人，她一眼就看出，我根本就是根基沒打好，所以成績永遠上不去。就好像你想攀登一座高山，結果你袋子破掉，東西老掉出來，鞋子尺碼也不對，走路老拐腳，與其一路走一路掉一路撿，倒不如先回到山下，把全身裝備弄好袋子換好一點的裝備，這時候再來登山，就一切都順了。

咩經理一點也不玩花俏功夫，也很少跟你講好聽話，她甚至有時候講話直白得讓你聽了很想哭，但她重點就是要求你要做好基本功。

各位讀者，不論你從事怎樣的業務工作，或者求學過程中老是感到「卡卡」的，與其想方設法去找問題補破洞，可能回頭檢視自己的根本，那裡才有真正的答案。

在本書採訪期間，台灣的新冠肺炎疫情又再次爆發，對我們這樣業務工作者來說，是一種很大的挑戰。

這時候，我又不免開始感到「害怕」。還好有咩經理這位慈母在，我雖是寄養身分，但我已經完完全全把她當成是我保德信人壽（現為台新人壽）事業的生母了。

感恩咩經理，有妳在我就不再感到害怕。

感恩教練篇

LESSON 12

咩經理，妳是大家的貴人

　　感恩我們每位同仁的分享，我們 Yea! 雁團隊成員，雖然人人個性不同，背景不同，目前各自的發展也都不同，但人人共通的感覺，就是咩經理是影響我們人生很重要的人，這不單單指在職場實務上，更包括她引領我們心境上的突破，讓大家做人做事態度更加成熟，格局也更加寬廣。

　　每個人當初因為各式各樣原因和咩經理相遇，接受她的領導教育栽培，如今也都各自有了不同的突破。

　　◇ **在咩經理培訓下，已有幾位夥伴如今已經高升管理職。**

　　由於他們已經獨立有自己的團隊，嚴格上不是Yea!雁團隊成員，但「一日Yea!雁，終身Yea!雁」。

　　咩經理所教導的實戰智慧，已經深入大家的業務魂。

　　◇ **許多人從一張白紙，甚至連打電話都很害怕的狀況下，如今已經成為業務熟手，許多也得到了不同的榮譽。**

　　他們往往突破自己原有的格局，在親友的驚訝眼光中蛻變成長，展開自信以及成功的人生。

　　關於每位Yea!雁團隊同仁的成長歷程，本書也做了詳細分享，最後，我們要將咩經理寶貴的人生智慧，化成十大重點總結摘要：

咩經理十大管理智慧

❖ 做人態度部分

1. 勤勞：天道酬勤，勤能補拙，勤可立業

咩經理總是謙稱自己不夠聰明，所以要比別人加倍努力做事，但在Yea!雁團隊眼中，咩經理就是個很厲害，明星級的業務高手。

不論如何，即便如今她已是業務天王級的人，大家依然看到她以「勤」為本的做人做事態度，她帶領團隊也是秉持著勤的核心的精神。

★ 一件事不斷做，每天操練，就算不熟也變成很熟，就算新手也練成菁英。

★ 公司規定的事聽話照做，並且用比規定還嚴的標準做，久而久之必然有成績。

★ 凡事以勤，勤打電話、勤做練習、勤勞拜訪客戶。業務成功訣竅無他，勤勞必有所成。

2. 堅持：認為是對的事就要堅持到底

人的信心怎麼來的？來自於堅持，不論對人對事，若自己的根基不穩，容易動搖，那就缺乏底氣，無法說服客戶。

咩經理是我們所見過最堅持的人——

★ 她堅持我們一定會成功，督導著我們克服不可能的任務。

★ 她堅持我們的東西最好服務最佳，這份堅持連客戶也感動。

★ 她堅持初衷，這件事不會動搖，就算曾經被客戶質疑，甚至也被同仁質疑，她都依然堅持不放棄。

★ 咩經理是堅持的人，她也因此是最誠信的人，每個朋友或許對她的觀感不一，但都肯定她是人格值得信任的人。

3. 自律：永遠不要找藉口，承諾的事就要做到

每個團隊的成員，都曾經被咩經理的嚴格自律震懾到，進而感動到。

咩經理十年如一日的，嚴以自律——

★ 她要求同仁做到的，她也一定會做到，並且依更嚴的標準做到。

★ 她堅守職場紀律，所做所言無一不可被檢視，她也因此受到高度尊敬。

★ 即便前一晚再累再忙，第二天依然早起精神抖擻的帶領團隊。

★ 她也讓她的團隊每個人，遵守紀律，這精神深入內裡，乃至於即便若咩經理出差或度假不在，整個團隊依然會守本分的照規定開晨會以及做該做的業務練習。

4. 當責：有我在，大家都可以放心

當責是件不好做到的事，當責不是口號，當責要經得起時間考驗。

★ 咩經理是所有同仁最安心的依靠。大家100%肯定，任何時候，任何狀況，她都不會棄大家於不顧。任何的困難，她會是最後扛起來協助解決問題的人。

★ 當責者就是信守承諾的人，咩經理對她每句話負責。她對不同的同仁依狀況有不同承諾，而她總說到做到。

★ 當主管不是高高在上，動口指揮調度就好。咩經理既是將軍也是前鋒，她是團隊的精神堡壘，用行動帶領大家成功。

❖ 業務領導部分

5. 細節：魔鬼就在細節裡

為什麼許多的個案，當同仁們出師不利，或覺得這客戶根本就是個不可能的任務，卻往往在咩經理的直接參與下，能夠翻轉結果，締結成交？

咩經理看似嚴厲且做事中規中矩，但其實她卻是最懂得彈性應變，懂得兵來將擋水來土掩的人，她很注重細節，往往致勝關鍵就在細節裡。

★ 同仁出門拜訪客戶前，她會先和同仁沙盤推演，各種可能性她都顧慮到。

★ 她有同理心，可以做到跟客戶非常對接，所以她面對不同客戶，都可以站在對方角度想事情，發現一般業務同事沒注意的細節。

★ 細節，展現在各方面，包含業務拜訪的服裝、文件的製作、講話的重點，往往成敗就在一個細節裡。

6. 為客戶著想：先利他再來談業務

這也是一般客戶往往鎩羽而歸卻不明其義的關鍵，在本書中我們也舉出很多例子、許多個案，當同仁視之為需要排除的「狀況」，但對咩經理來說，她永遠關心的是客戶的權益可否得到保障。

★ 當客戶滿意了，業績自然來，若沒想通此點，許多業務將會卡在「錢關」上，當客戶覺得你只想賺他錢，就沒意願成交。

★ 長期保持為客戶著想的心境，就會有種氣質以及氣場，客戶看到你，就感受到你是來幫他的，然後願意將他的事託付給你。

★ 利他不能刻意為之，一定是真心誠意，從日常生活中就真心有這樣的習慣，而為了利他，一個人一定會努力把商品學到熟，把各種服務功能弄到通，因為他想好好服務客戶，他就一定會變成一個最專業的人。

7. 情境化：兵法云：「夫未戰而廟算勝者，得算多也」

Yea!雁團隊裡每個人個性不同，但不論怎樣的個性一個共通的業務演練，並且每日為之的，就是情境化演練。

　　可以說就算是一個新人，就算假定咩經理不親自帶領他，只要他做好常態的情境化演練，日久必然也會培養出業務實力。

★ 基本功要常演練，每個人都要模擬各種業務對話，練習好自己的談話，並且修正使之達到最好。

★ 每個客戶拜訪前都要情境演練，在Yea!雁團隊，不可能發生「隨機作戰」這樣的事，這是正規軍，不是游擊隊，出門前都要演練各種狀況，當真正面對客戶時，就少有意外狀況。

★ 情境化演練也能加強團隊向心力，因為要彼此幫忙及支援，透過role play，你的事就是我的事。

❖ 團隊管理部分

8.Yea!雁團隊每位成員都是家人：她是我們永遠的後盾

　　在本書，提起咩經理，最常出現的一個字眼，就是「媽媽」。

　　咩經理真的是團隊裡的媽媽──

★ 媽媽會為了孩子好，苦口婆心的叮嚀關懷。

★ 媽媽總是守護著孩子，每晚等到每個孩子都進來了，她才會下班。

★ 媽媽最了解孩子，因為她無時無刻都在關心孩子。

★ 孩子們也因此都知道，媽媽不是為了團隊績效而想催逼每個人做業績，媽媽是想要每個孩子過好生活，才不厭其煩的每天督促孩子。

★ 媽媽，就是你心情不好可以放心投入她懷抱的人。

★ 媽媽，就是你衷心所愛的人。

9. 尊重：你先懂得尊重別人，最後就會獲得大家尊重

許多人誤以為咩經理是個很嚴格很兇，軍事化領導的人，但從本書我們就可以看到，她其實是最尊重每個人，真正待人誠信的領導者。

★ 從招募每個人開始，她都會誠實以告，業務不容易。她尊重每個人自己的加入意願，絕不以謊言騙人進來。

★ 她尊重每個人的理想抱負，你想要賺大錢的，她教你賺大錢；你想要突破舊有格局的，她教你突破格局；但就算你選擇步調稍緩，可能要花久一點時間成長，她也尊重你，她的各種教導，都是植基於對每個同仁的尊重。

10. 教育：因才施教，才能發揮綜效

最後，本書雖看似咩經理的管理學，但其實也是她的教育學。證據就是她可以透過不同的方法，引領每位同仁成功。

★ Yea!雁團隊裡有個性比較強勢的人，對自我要求很高的人，咩經理會配合對方的高標準，施以嚴格訓練。

★ 有個性比較情緒化的人，甚至碰到事情比較會退縮。咩經理會採取循循善誘的方式，用比較安適緩慢的步驟培訓。

★ 有的人有經濟壓力，有的人野心不高。對於不同環境出身的人，咩經理都有她一套的管理教育方式。

　相信不論讀者處在怎樣的職場環境，是否擔任業務工作或身負甚麼重任，若能把咩經理的這十大管理智慧融入工作事業中，一定可以做出一番成績。

Yea!雁團隊為咩提供的驚喜慶生（主持人:孫榮裕）

番外篇：看著她長大的
業務行政同仁分享

主述者：業務行政同仁

負責行政工作，為資深開處元老

要如何描繪咩經理這個人呢？

本書，我們邀請了每位Yea!雁團隊成員都有來做分享，但有個小小的問題，由於大家都是經由咩經理培訓教育帶出來的人，那會不會視角太過一致性呢？

這裡我們邀請的是一位可以說看著咩經理成長的人，她就是坐在台南桂田處第一線接待窗口，屬於桂田處元老級的業助同仁，事實上她的資歷比咩經理還要久，打從咩經理（當時叫做小咩）報到第一天就看著她成長，和小咩是可以切磋工作的同事，同時身為行政管理者，她也是可以綜觀整個公司所有業務同仁動態的人，由她來分享她所認識的咩經理，是最客觀最適合的了。

❖ 我們愛哭的小咩

首先，有別於一般同事的認知，我必須說小咩是愛哭的人。

是的，我都叫她小咩，我們兩人大約同一個時期進公司，我是本書和她認識互動最久的同事。而我要說，她真的很愛哭。

當小咩在其他人面前表現得非常專業強勢的時候，其實大家都忘了，小咩內心仍有不為人知的脆弱，她一方面在使命感的驅策下，肩上扛著沉重的業績及管理壓力，一方面她個人的生活，身為媽媽，她有家庭及孩子要照顧。

在堅強的外表下，她每天要背負著給自己高遠目標的壓力，雖然她總是不願在同事面前表現出她較脆弱的一面，但當在業務行政同仁面前，她就可以盡情抒發心中的委屈或壓力煩惱。

在某種程度上，我是她在工作上是最可以信任的同事。

認識她十四年來，看著她從二十多歲的年輕女孩，一路成長到今天獨當一面的主管，過程中，從沒少過我邊聽她述說邊不斷掏衛生紙給她擦眼淚的時刻。

初到任公司的時候，二十幾歲的小咩，其實就是個面對未來還非常惶惑的年輕女孩，她過往沒從事過業務工作，家中小孩才兩三歲大，為了追求更好的人生，必須挑戰自己，她也很快就讓自己融入業務戰鬥體系，設定目標每周完成至少三件。這時候的她，不免常常因為碰到件數壓力以及經常被客戶拒絕而難過地跟我邊講邊哭。

隨著小咩的能力越來越被肯定，之後她就常常出現在各種榮譽榜單上，這時候的她依然必須面對很多壓力，包

括跟客戶之間，跟同事之間等等，職場上本就很難事事皆如己意，像是業績達標被公司招待出國旅行，也可能會感受得獎者沒有被妥善周到安排，也會因為委屈而在我面前哭泣。

後來小咩客戶越來越多了，她面對各種狀況，這時候我發現她真的很愛哭耶！她往往都能同理心客戶的處境，哪個客戶碰到甚麼困境，她邊幫對方申請理賠邊哭，或者哪個客戶生病了，她往往也是在我這邊講到紅了眼眶，我就發覺小咩真的很從客戶的角度著想，難怪她的客戶都很放心由她來照顧。

七年八年乃至十幾年過去，小咩都已經升任管理職了，但其實她還是愛哭，只是大部分時候人前堅強而已，包括可能管理上跟團隊溝通上不容易，或有的新進人員很難管理等等。她雖有時候邊哭邊自問，我是不是不適合管理職，但哭過後，她會再度振作，成為人們眼中堅強的女強人咩經理。

是不是跟一般人的認知差很多啊？

但這就是真性情的小咩。

❖ 小咩成功的原因

這絕對不是客套的讚譽，小咩真的不僅僅是我們公司的業務標竿，她的成績放在任何保險公司也一定都是頂尖。

她是怎麼做到的？

我算是看著她成長的，最早時候的小咩跟所有新人一樣，也是一切從零開始，她沒有甚麼超級業務天賦，更沒甚麼資源靠山，她其實靠的就是勤奮及熱誠。

　　小咩的工作態度非常的執著，我知道許多業務成功者都是做事很認真的人，但小咩，怎麼說呢？她已經整個人融入工作中，她的認真標準真的無上限，對她來說，設定目標就是要完成，客戶有需求，不論有多遠，使命必達。

　　許多業務會說自己以客為尊，但真正能做到像小咩這樣的付出的人肯定不多。以我們公司來說，理賠會有個流程，而第一關都是要先備好文件，以我們台南桂田通訊處來說就是每天下午兩點半前要收件，然後隔天送到台北總公司，如果未能趕在兩點半前送件，那就是隔天收件，第三天才會送總公司。其實這差別就是一天，但每當小咩接到客戶申請理賠事件，她都是全力以赴，務求最快時間處理，例如她可能人在嘉義或高雄或其他較遠縣市，她都會先來電跟我說，我這邊有個急件，請你務必幫忙。

　　跟她十四年多的交情了，我也知道她的那種強烈使命感，所以都會配合她去圓滿她幫客戶快速理賠的心情，在容許的時間內願意等她然後當天送件。

　　我想，以她這樣的工作態度及熱誠，成功是必然的。

　　而且小咩的說服能力很強，這不是說她口才多好，而是說當她相信一件事她就是很相信很相信，可能讀者以為這不是廢話嗎？相信一件事當然就要很相信，其實不然，

很多人表面上說他相信一件事，但一丁點兒負面意見就可以讓他動搖。小咩不是這樣，小咩有種特質，好比說我們的產品可能跟其他家產品相比，不可能只有優點沒有缺點，可是小咩看事情永遠專注在優點那一面，她非常投入真的覺得我們家產品是全世界最棒的，她也以這種態度去面對客戶，結果客戶一一都被她的真誠及熱情感染，覺得這真是全世界最好的產品。

她不僅對客戶如此，對同事更是如此。有太多這樣的案例，像是有同事已經去意甚堅，寫好辭呈也昭告天下準備離職了，公司怎樣都挽留不下，但後來委請小咩來接手，她竟然可以說動對方，不但繼續留下來，且之後穩定地完成公司業績的要求。還有個性比較散漫、步調悠哉的同仁，後來被調到小咩旗下由她管理，不知道透過甚麼妙法，她竟然可以讓那位同事改頭換面，融入整個小咩團隊快狠準的節奏。

這就是令人驚嘆的小咩，所以她會成功一點也不意外。

❖ 擔任管理職的小咩

對小咩來說，當初她選任管理職想必有一番心路掙扎，因為原本以職位來說她已經做到首席壽險顧問，她可以每月輕鬆就有高收入，不用負擔甚麼管理壓力。但她最終選擇挑戰自己，接任了管理職，為此，很多事要調適。

以她的本性來說，其實在我們台南桂田通訊處，大家

都知道小咩算是比較專注自己且孤僻的人，因為她對工作太認真太投入了，不是在跑客戶就是在整理客戶資料，平日很少與同事互動，多年下來，別人也不知道該怎麼與她互動。

而這樣的她，卻必須試著讓自己去做管理者帶領團隊，不再只是顧著自己業績，她必須去協助團隊的業績。

以結果來看，小咩做到了，她讓自己有很大的突破和改變。

就來講個實例好了，我們公司其實相較於一般大型保險公司，管理風格是比較人性化比較輕鬆的，例如早上雖然有規定上班時間，別的保險公司遲到會扣錢，我們這裡卻不會，許多人遲到是家常便飯，但這絕不會發生在小咩的團隊。

小咩嚴格要求紀律，連各種業務流程都很嚴謹，更何況上班打卡更加必須遵守紀律，所以我坐在公司第一線，有時就會看到早晨時鐘分針將來到八點半，有人緊張兮兮跑百米的樣子衝進公司，會這樣跑的人不可能是其他組的人，只有小咩的團隊才會這樣。

再講一個例子，早上時候可能大家剛來公司精神還不佳，還在喝咖啡聊天等等的，但辦公室有一個區，那裡一群人已經很認真地開始一對一在演練打電話。當然，那是小咩的團隊。

有人以為小咩的管理一定超級嚴厲，每天都在談數

字和績效，但其實小咩管理團隊是很溫暖靈活的。我常有機會看到他們小組開會，不一定在談業務相關的事，例如有一回我就聽到他們在聊西遊記，然後彼此互動，認為對方是屬於西遊記的哪個人物，你是唐僧型，你是豬八戒型等等。她們也常聊星座，還會跑來找我，妳是甚麼星座的啊？我還反問她，妳們常這樣方式的交流？

其實我也知道藉由這樣子較活潑的方式，也可以藉此學習靈活思考事情，以及若跟不同個性的人互動，可以採取怎樣的交流方式等等。

這就是小咩融合嚴格及親和很彈性的管理方式。

❖ 她就是愛紀錄的小咩

也許在很多人眼中，小咩是個太過嚴肅，做事情一絲不苟很難以親近的人，其實在我眼中不是這麼一回事，所以我有時候很愛戲弄她。

那是因為我們的小咩，在嚴格的外表下，有著非常感性的一面，例如辦公室裡我們有一面業績布告板，每個月每個團隊每個成員的業績紀錄都會出現在上面，到月底總結，月初就要歸零重新開始，而我就是那位負責月底清理業績板的人。我們的小咩非常感性，她每月一定要拍照把月底的成績做紀錄，主要是為了想保存「曾經走過的痕跡」。我也早就知道小咩的習慣，每月都會等她拍完照後再清掉所有紀錄，可是我們小咩是這麼的忙，她其實常常

到了月底忙啊忙得根本忘了為「痕跡」拍照，我其實都已經幫她拍好了，然後等牆壁清掉隔天小咩一看到業績板，啊一聲，說怎麼辦她忘了拍照？然後我只是雙手一攤表示愛莫能助說我也沒拍，看著小咩心情很沮喪，我才悄悄地傳line給她：我已經幫妳拍了啦！

她才像小女孩般，笑顏逐開。

這樣的小咩，就是個愛紀錄每個時刻的小咩。許多時候，不是在那個位置的人，往往都會習慣性的檢討別人做得不夠好的，所以當我看到咩願意負重前行時，妳會很心疼她的努力，會很她希望偶爾放下那些操煩，好好的身心靈休息一下吧！

這些年來，我看著小咩成長，從一個壽險顧問素人如今是個業績頂尖的業務經理。她做事的胸襟及格局都跟從前不一樣，每年都看得到她的成長茁壯。

當然，在我心中她依然是那個愛哭的小咩。

遠遠看到她來，我想，我又要準備好一整盒的面紙了。

Yea!雁團隊的家庭旅遊

LESSON 14

我就是咩經理

> **主述者：盧美吟**
>
> 　民國96年12月加入保德信人壽，接著年年獲獎，目前是南臺灣女性連續3W週數紀錄保持人，106年升任壽險顧問最高階的首席壽險顧問，同年轉任業務經理職，現為資深業務經理，她是Yea!雁團隊創辦人。

　全書來到最後，終於要讓我們的咩經理出場了。

　她是個做事嚴謹話並不多的人，在本書她也依然只在最後出場，留下簡單的評論。

　本篇由咩經理簡單的介紹她自己在保德信人壽（現在的台新人壽）打拼的經歷、她的理念以及她對Yea!雁團隊的整體看法。

❖ 我依然是我，初心不變

　我是咩，自認自己是個再平凡不過的女子。當初會加入保德信人壽，主因是因為這個工作可以幫助人，我想扮演的是顧問的角色，此外，對於新人來說，保德信人壽有提供財務補助，所以當時我就轉職過來。

　我是在民國96年12月加入保德信人壽這個大家庭的，

那時我其實人生經歷了一連串的變動，我失婚，有兩個稚齡的孩子，並且剛從鬼門關前走一遭。

民國95年我因為蜘蛛網膜下腔出血腦中風，經歷了腦部開刀，九死一生下幸運地沒有喪命也沒有變成植物人，但這件事帶給我一輩子的影響，讓我重新思考人生，也讓我確確實實的了解風險與保障的重要。

甚麼是人生無常？過往那只是個名詞，現在那成為我的重要價值觀，也因為我知曉人的生命是多麼脆弱，因此，當我去面對一個個客戶，我真的是抱持著想要「救他們」的心態，告訴他們趁現在趕快做好保障吧！不要以為意外不會發生在自己身上。

也因此當初加入保德信人壽時，我一心扮演好的是顧問角色，只不過當做好顧問，業績也自然就來，我那時沒有想要去當個甚麼超級業務員，我只是憑著本分想去跟更多人分享正確的保險觀念，就只是盡本分，不知不覺地我後來成為業績領先者。

老實說，後來我感受到相當業績壓力時，也曾心生退縮，因為我從一開始就設定要參加3W活動，然後既然起了個頭，就每週必須維持下去，那真的很不容易。然而讓我無法離開的最大因素，就是我的承諾，當初我是為了幫助人才來當顧問，人們也因為相信我跟我買了保單，如果他們知道我只想做短期，還會願意找我嗎？如果我信誓旦旦說要幫他們做好風險管控，自己卻因為挫折不如意等事

放棄工作轉身落跑，這樣對嗎？

結果就是，當手中有幾張保單時，我已不忍離開，到後來保單已每週三件的速度累積，我必須對更多人負責任，就更不可能離開了。

就這樣我一路從最基層的壽險顧問後來做到了資深經理，我在保德信人壽至今已服務滿十四年，2021年保德信人壽則是加入台新金控，改名台新人壽，在轉任管理職前我的保單件數就已經破千件，後來成立Yea!雁團隊，我除了管理團隊也還是繼續維持既有的客戶服務，仍持續每年合格MDRT（百萬圓桌）。

但我是誰？我依然是當年那個平凡的，只想幫助人得到好的風險照護，我就是那個單純的咩。

❖ 盡本分，我把該做的事做到最好

許多人會好奇我如何締造業績佳績？我其實除了遵照公司的規定外，並沒有師承甚麼業務大師，手中也沒甚麼銷售必勝秘笈。

我的業績紀錄，說起來就簡單的一句話：我把該做的事做好，並養成習慣。

當你持續這樣過程，甚麼3W、總經理盃或者MDRT（百萬圓桌），都只是順利成章，「一定」可以達成。

其實十四年是很長的過程，這中間當然經歷過很多事，我曾經被新人挑釁，當時還年輕個性不夠沉穩的我，

原本當時已經達成連續一百週3W的紀錄，可以好好休息不需再那麼拚，結果那回被激的我，又拚了一次50週的3W。也曾經因為處理事情太急不懂圓滿，那是我剛轉任管理職第一年，因為團隊有成員要接手孤兒保單事宜，為了後續服務由誰承接而有了些紛爭，為了客戶權益前去做拜訪的我，對方先是於約定時間未出現，擔心客戶安危的我找到客戶家門外想留字條，碰巧遇到他的兒子返家並邀請入內，不料事後客戶以他沒邀我進屋為由，要向公司求償，為此他要控訴公司，而我也在道德主管的說明下，清楚了解到誤傷公司名譽，內心為此感到愧疚，的確處理事情或許也可以放更慢一點。

我只是個凡人，我的心也不是鐵打的，在碰到很大打擊時也是會心灰意冷，但往往帶領我向前的不是這些內心的思緒，而是那已融入我骨髓的紀律，我再怎樣受到打擊，依然每天要照顧好我的客戶，在管理職上，我也依然對我的夥伴有責任。

就這樣，風雨也好晴日也好，我還是每天盡本分做好我該做的事。

咩不是甚麼英雄或甚麼業務戰士，咩就只是個平凡的女子，我也會受傷，也有心情低落的時候。但任何事都不能變成我偷懶的藉口，這樣的我就是日復一日做好自己該做的事，也往往因此我疏於營造辦公室人際關係，被人認為是冷冰冰不好親近的人，但我依然有我的溫暖我的熱

誠，只是這樣的熱誠我必須全心投注在願意相信自己的客戶朋友們身上。相信人生無完美，曲折亦風景，不為往事憂，餘生只願笑。

若說我有甚麼業務能耐？我會說，我真的是一路磨練過來的，而我後來擔任主管時所教導給團隊的事，我也全都依照公司的規範，那些每個新人在培訓時就上過的內容，我只是聽話照做，若說有甚麼不同，那就是我做得比原本公司規定的要嚴格要落實，至於我如何帶領一個個團隊成員？我靠的就是十多年來累積的實戰經驗，可以說，公司的教育訓練提供一個大架構的規範，而我，就是針對細節依個別夥伴狀態提供教導及支援。

❖ 有夢想，讓我陪妳去實現

看了Yea!雁團隊對我的描述，我心裡多少還是感動的。我會想，我何德何能？我做的只是我本分該做的事，並且平常日子裡，我對你們多多少少都有些指責甚至情緒，但對於這樣的我，你們反倒說我是你們的貴人，我其實反過來應該要感恩你們帶給我美好的一切。

對於稱呼我為媽媽，我倒是不反對，因為我也真心的把你們當成是我的孩子，因為是我的孩子，我愛之深責之切，每天的嘮叨叮嚀都是為了你們好。

不過有人公開場合叫我媽媽，那就太超過了，我會輕輕過去追打這樣調皮的孩子。

在看了每個孩子寫的關於我的故事，也勾起了我很多的回憶，其實每個孩子如何與我相遇，我記得一清二楚，還有每個孩子特殊的個性，誰比較彆扭？誰比較害羞？誰曾經與我爭執？我也都非常清楚。但我永遠最關心的是，這段日子以來經過你我的互動，有沒有因此改善你的生活？畢竟生計依然是最現實的，我如果對你們比較兇，也都是為了你們好。

升任管理職後，我歷經了三個階段，第一年我恨鐵不成鋼，第二年我發覺鋼和鐵畢竟不一樣，第三年我就做到鋼是鋼，鐵是鐵。

無論如何，起初的嚴厲還是必須的，我自家的親身經驗，在我自己的孩子還小時，有一回去餐廳，我就問她，你想要選這個還是選那個……後來我媽媽就告訴我，這樣了太過分了吧！孩子這麼小，甚麼都不懂，妳要她做甚麼決定啊？

那回的教訓我謹記在心，帶領團隊，大家都是我的孩子，我尊重孩子，但也不能甚麼都配合孩子，因為孩子還在成長不懂事，大人必須盡責帶領。

每個新人進來，個性活潑也好，個性較內向也好，我都還是會督促他們先挑戰3W，總得要做做看，絕不能一開始就放棄。當這樣督促後，有人努力做了八週但後繼無力了，我看到她盡力了也不會苛責，如若有人因此連續把績效做下去那我自然很高興，我逼出她的潛能了。

所謂鋼是鋼，鐵是鐵。剛接任管理職的我的確比較鐵面無私，管理風格嚴厲，第一年帶了五個新人中我就嚇跑了三個，深刻自省說好的沒有教不會的學生，只有不會教的老師，於是第二年招募四位目前仍在職服務，第三年招募三位有一位因為家庭發生一些事而不得不離開，但進到第四年招募四位仍然在職，相較就比較會順應不同人的個性，不那麼嚴厲但依然要適時的督促。

　　因為我知道當大家在大學時代都懷抱著夢想，將來入社會後要有一番成就，難道妳的夢想不見了嗎？若有可能，請將夢想說出來，讓咩經理陪妳一起去實現。

　　說起來，這是Yea!雁團隊的書，我也不想佔據太多的篇幅，這裡讓我一一回顧，每個孩子與我結緣的日期：

Eddie 107.04

Jerry 107.05（101.03 報到）

Rachel 107.05（102.05 報到）

Mark 107.05（104.08 報到）

Elen 107.08

Queena 108.03

Ruby 108.04

Tina 109.07

Winnie 109.12（107.09報到）

Alice 109.12（108.11報到）

Jill 110.03

很高興我們是一個如同家人般的團隊，感恩妳們稱我一聲雁媽媽，若我們有緣，請讓我繼續照顧你教導你。

❖ 咩經理的心情分享

本書最後我再跟大家說段話：

其實我這個人很簡單，就是把該做的事完成就對了。任何跟我有關的人或事，客戶朋友們我要照顧好，夥伴我要教導好，事情我要處理好。

就只是這樣。

說穿了人的一生總不能睡醒就吃、吃飽就睡，總是要找點事來做做，當中摻雜擔心及照顧長輩、愛人及家人，而我就是做好每一天該做的事……

甚麼是人生？

人生不就是生活＋工作嗎？

如果過程不認真，突然有一天、突然給它發現一生就這樣過了～會不會感到可惜遺憾？

咩比一般人更重視人生，因為一天過一天只是過生活，而咩想要的是用心過生活，那麼想要認真過人生，或許是因為咩真真切切走過生死關，我很認真想過：

★ 妳／你會想要怎樣的一生？

★ 有沒有感謝父母～榮耀家人

★ 有沒有感恩孩子～給予身教

★ 有沒有感激愛人～給他美好生活

❖ 關於保險這條路

說真的，第一階段：

剛來的咩，也就是身為新人的咩，那時才經歷人生的生死關卡。

身為壽險顧問只著眼一件事：堅持保障的重要性。

◎ 不想在這工作上掛了。

◎ 不想讓相信自己的人變孤兒，任由別人不善待他們。

◎ 不想讓不相信自己的人看笑話，覺得你就是做不久。

所以初期只有一件事是重要的：「活下去、想方設法地活下去」

到了第二階段：

我就是要拿下成績，讓獎項幫我背書幫我講話，讓別人能放心，認為我做得很好。（如同曾在TED影片上看到的「開心過每天，如果真的沒辦法，也要假裝快樂的過每一天」），當中有太多的苦中做樂，其實是咩寶寶心裏有苦不說⋯⋯

第三階段：

經歷了客戶的理賠，從中看到壽險顧問的價值：一份工作可以幫助人又有收入，經常有莫名客戶的推薦，經常遇到貴人，得到保戶的厚愛，只要堅持站在場上就都有機會。

沒有人希望風險發生在自己或自己週遭的人，如同俚語所說「沒吃過豬肉，也看過豬走路。」可以看看別人的理賠分享，我越來越熱愛保險工作，因為這對每個人的幫助都很大。

　　其實，我就是個簡單的人。

　　真的。

感恩咩經理，感恩我們最心愛的雁媽媽，感恩最美麗的教練。

祝各位讀者各自在人生的戰場上努力奮鬥！

資深Yea!雁寶寶餐聚

扮演好自己的角色！

堅持、誠信、勤勞，永不放棄！

相信學會咩經理精神的人，也一定會是個成功的人！

2021管理職策略會議

Yea!雁團隊的家庭旅遊

莫忘初衷，由衷的感謝之意

本書最後不能免俗地，Yea!雁團隊以及咩經理本人，必須感謝很多人的協助。這些都是秉持真心。當然要感謝的人很多，沒有列到名字的不代表疏忽掉，只是篇幅有限，就以整體的感恩來帶過。

在書中咩經理本身扮演多重角色，她本身是業務戰將，但她更扮演著照顧一群業務團隊的媽媽角色。咩經理是我們整個Yea!雁團隊要感謝的人，而咩經理也要發表她的感謝宣言：

許多人會說業務的工作沒什麼生活品質可言，尤其是這照顧人的行業更是不被一般人看重的。事實是這樣嗎？其實話不是這樣說的，相信沒有一位創業家會說在公司草創業的初期是輕鬆的。回想自己剛從學校畢業時，初初進到社會大學開始工作的時候，花了多少時間就是為了向前輩們多學些東西，容易嗎？所以，不論各行各業的剛開始鐵定就是給它很不容易的。至少，有一點是可以確定的，照顧人的行業就如同創業般是辛苦一陣子、不會辛苦一輩子的。

關於陪伴這件事，過去曾經有一次自以為是的陪伴經驗，我心想著在家泡泡茶聊天，陪父親大人關心社會看看政論頻道，結果家中長輩跟著電視內容批判時事，女兒

試著努力安撫長輩激動情緒，這後面的劇情當然就是不歡而散，父親大人憤而外出找朋友。現在對於生活品質的看法，就會問自己重視的是質還是量？自認為質比量重要許多。經過這些年下來，不論是長輩的照料或是孩子們的陪伴，我都能事先把時間預留下來，以孩子們的班親為例子當媽的人從不缺席，這一切都是因為我選擇這照顧人的工作，壽險顧問就像醫生問診的方式進行，多了採取預約制的方式進行而已。一直以專業人士自居，在為民服務的同時不得不感謝家人們一路以來的支持，至於我那二位可愛的寶貝們，也不知道是不是像人家所說的身教的重要性「孩子是看著父母的背影長大」，但可以確定的是他們相當自律讓我省心不少，因為我有這二位小天使才能專注地把工作做好。

　　一天就只會有24小時，擔任業務經理要招募、要培育、要訓練、要管理……等等，想當然時間分配上一定會影響到能周年服務，但是四年多來沒有一位客戶朋友為此而有所抱怨，仍然希望可以由咩繼續服務即可。在這期間曾有位學長對咩說道「找得到人比較重要，又不需要保險人員住在我家對面。配合妳的時間真的事小，因為我知道妳忙，衷心希望妳多培育更多像妳這樣負責任的壽險顧問比較重要啦！」學長永遠不知道他的這一番話對我有多大的影響。在這四年多不長不短的時間裡，有許多位客戶朋友們會主動通知咩「友人想換工作、覺得他/她可以聽聽

職涯發展計劃」，真心覺得每一位客戶朋友經過這麼多年下來，對我而言每一位都是像家人一般的存在。衷心感謝接受我服務的每一位客戶朋友們的肯定。

另外，必須特別提到的是，即使經過那麼多年，我仍然很感謝當年招募我的劉宥彤業務經理，以及現職台新人壽第一營業群朱城峰業務副總經理（我入行時的通訊處處經理）。當時沒有他們招募及給予這個工作機會，就絕對不會有我在台新人壽服務。

感謝公司對於人才的重視及培育，即使知道學無止境，但轉任業務經理發現要學的真的太多了，還好在這四年多的期間，每一位長官們的厚愛指導，才能造就了今時今日的Yea!雁團隊存在。

而關於這本書的誕生，也有很多因緣聚合，包含我個人前一本著作《自娛愚人》衍伸的各種學習與結交新的朋友，並且對出版的流程有更深的認識，在本書問世的過程中，從最初的團隊採訪以及後續諸多專業人員的參與校對和指導，都讓我衷心感動，咩的感恩銘記在心。

以上就是咩我要親自發表的感言。

最後，本書的出版承蒙許多人的鼓勵支持協助，包含採訪實務、出版流程以及整個從無到有的過程，有幸能獲得眾人的相挺，使這本Yea!雁團隊的心血結晶得以順利誕生。在此，容Yea!雁團隊以些許篇幅向一直以來始終關照的長官及為本書催生的幕後功臣表示感謝——

衷心感恩上級長官的襄助相挺：台新金控林維俊總經理、台新人壽蔡康董事長、邢益華總經理，以及與我們業務領域最相關的總經理室林君穎資深副總經理、壽險顧問業務處大川裕彥執行副總經理、曾昭仁副總經理；同時也要感激平常照顧Yea!雁團隊最多的第二營業群黃素玲業務副總經理，在您的關照之下，我們才能如此出色。

更要感謝為本書的問世大力相助的台新人壽企業溝通部胡玲玲協理、林幼唯專案副埋，以及財務暨公司治理處蔡泓翰副總經理、壽險顧問通路支援處蔡佳菁資深副總經理，總公司的專業支援讓我們第一線的同仁可以全身心投入為客戶做好服務。

也再次感謝台新人壽所有同仁，讓我們擁有這麼好的工作環境，能夠全心打拼。你們的支持，是每天讓我們朝氣蓬勃的動力，感恩再感恩。

自娛愚人 2
咩經理盧美吟帶人帶心帶向成功的 MDRT 教練學

作　者／Yea! 雁團隊

美術編輯／了凡製書坊
責任編輯／twohorses
企畫選書人／賈俊國

總 編 輯／賈俊國
副總編輯／蘇士尹
編　　輯／高懿萩
行銷企畫／張莉滎　蕭羽猜　黃欣

發 行 人／何飛鵬
法律顧問／元禾法律事務所王子文律師
出　　版／布克文化出版事業部
　　　　　台北市中山區民生東路二段 141 號 8 樓
　　　　　電話：(02)2500-7008　傳真：(02)2502-7676
　　　　　Email：sbooker.service@cite.com.tw
發　　行／英屬蓋曼群島商家庭傳媒股份有限公司城邦分公司
　　　　　台北市中山區民生東路二段 141 號 2 樓
　　　　　書虫客服服務專線：(02)2500-7718；2500-7719
　　　　　24 小時傳真專線：(02)2500-1990；2500-1991
　　　　　劃撥帳號：19863813；戶名：書虫股份有限公司
　　　　　讀者服務信箱：service@readingclub.com.tw
香港發行所／城邦（香港）出版集團有限公司
　　　　　香港灣仔駱克道 193 號東超商業中心 1 樓
　　　　　電話：+852-2508-6231　　傳真：+852-2578-9337
　　　　　Email：hkcite@biznetvigator.com
馬新發行所／城邦（馬新）出版集團 Cité (M) Sdn. Bhd.
　　　　　41, Jalan Radin Anum, Bandar Baru Sri Petaling,
　　　　　57000 Kuala Lumpur, Malaysia
　　　　　電話：+603- 9057-8822　　傳真：+603- 9057-6622
　　　　　Email：cite@cite.com.my
印　　刷／韋懋實業有限公司
初　　版／2021 年 12 月
定　　價／350 元
Ｉ Ｓ Ｂ Ｎ／978-986-0796-85-8
Ｅ Ｉ Ｓ Ｂ Ｎ／9789860796865(EPUB)

城邦讀書花園　布克文化
www.cite.com.tw　www.sbooker.com.tw